Das Buch

„Viele, die Kontakt mit Engeln hatten, glauben nach einer Weile, sie wären verrückt und hätten es sich eingebildet. Das ist nicht eingebildet!", sagt Großbritanniens jüngstes Medium Kyle Gray. In diesem Buch – seinem ersten – protokolliert der „Engelflüsterer" viele dieser unglaublichen Begegnungen mit den himmlischen Kräften, zu denen er, mit Unterbrechungen, seit frühester Kindheit Kontakt hält. Dabei überraschen die Mitteilungen aus der anderen Welt immer wieder mit ihrer Weisheit, Lebendigkeit und Genauigkeit. Zudem gibt der Autor fundierte Tipps, wie man ein gutes, seriöses Medium findet und wie man selbst Kontakt zu diesen Kräften aufbauen kann.

Der Autor

Kyle Gray erlebte im Alter von 4 Jahren erste Kontakte mit der anderen Welt, nachdem seine Großmutter gestorben war. Als Heranwachsender ließ er diese Fähigkeit einige Jahre brachliegen. Er jobbte als DJ, war als Musiker erfolgreich, studierte Musik-Produktion, nahm aber mit sechzehn seine Verbindung zum Reich der Engel wieder auf. Seit er siebzehn ist, gibt er (auch via Telefon und Skype) regelmäßig „Readings". Seit 2008 berät er als Kolumnist der Scottish Sun Menschen in lebenspraktischen und seelischen Fragen. Kyle Gray gilt als überaus echt und natürlich – ein Medium, das mit beiden Beinen im Leben steht.

Kyle Gray

Der Engelflüsterer

Unglaubliche Geschichten der Hoffnung und der
Liebe von den Engeln

© 2013 Reichel Verlag

2. Überarbeitete Auflage

D-91365 Weilersbach, Reifenberg 85

Tel: 0049(0)9194-8900, Fax: 0049(0)9194-4262

E-Mail: info@reichel-verlag.de

www.reichel-verlag.de

Umschlaggestaltung Christian Wolf

© Foto Kyle Gray

ISBN 978-3-941435-30-8

Meiner Mutter Diane gewidmet

für ihre bedingungslose Liebe und Unterstützung

Inhalt

Vorwort

Ich habe versucht herauszufinden, wie ich Ihnen am besten erklären kann, warum ich dieses Buch geschrieben habe. Die Wahrheit ist – ich sah einfach keinen Grund, es nicht zu tun!

Wenn ich ein wenig darüber nachdenke, glaube ich, der Hauptgrund, warum ich diese Worte auf Papier bringe, ist, meine Erlebnisse mit Ihnen zu teilen – nicht nur, damit Sie wissen, was mir passiert ist, sondern auch, damit Sie wissen – falls Sie ebenfalls Kontakt zu Engeln hatten –, dass das, was Ihnen passiert ist, vielen anderen Menschen ebenfalls widerfährt. Allzu oft fühlen sich Menschen allein, wenn sie solche Erlebnisse haben. Sie denken, sie werden verrückt oder dass ihnen niemand glauben würde. Dann belassen sie es dabei und überzeugen sich selbst davon, dass sie sich das alles nur eingebildet haben.

Sie sind nicht verrückt. Sie haben sich das nicht eingebildet. Ich glaube Ihnen.

Ich habe auch das Gefühl, dass es meine Aufgabe ist, den Engeln dabei zu helfen, ihr Licht zu verbreiten und ihre Botschaft weiterzugeben. Diese Botschaft ist einfach: Glaube an sie und liebe dich selbst. Engel wollen nicht, dass wir uns auf sie verlassen und wollen uns auch nicht leiten – aber sie ermutigen uns täglich dazu, unsere eigene Kraft zu spüren, damit wir mit ihrer Unterstützung Rückschläge überwinden können. Ich bin damit gesegnet, Ihnen dabei helfen zu können, aber ich möchte Sie wissen lassen, dass Sie ebenfalls gesegnet sind, denn die Engel sind für Sie genauso da wie für mich. Ich hoffe, ich kann Ihnen dabei helfen, das zu glauben und eine wirkliche Verbindung zu ihnen aufzubauen.

Schon seit ich ein kleiner Junge war, haben mir die Menschen gesagt, dass ich wohl irgendwann einmal ein Buch schreiben würde. Ich habe nie verstanden, warum sie das gesagt haben, aber es sollte wohl definitiv so sein und es kommt mir auch so vor, als wäre es richtig, es zu tun. Also: Hier ist es.

Wenn es nur eine Sache ist, von der ich möchte, dass Sie sie für sich aus diesem Buch ziehen, dann ist es das Wissen, dass wir niemals sterben. Wir leben weiter und lieben aus einer anderen Dimension, wie Ihnen diese unglaublichen Geschichten von Liebe und Hoffnung zeigen werden.

Die Liebe ist überall um uns herum – jetzt! Wir sind Liebe und wir werden geliebt. Ich hoffe, Sie fühlen diese Liebe, während Sie damit anfangen, meine Geschichte zu lesen, und ich hoffe, Sie fühlen diese Liebe die ganze Zeit über.

Namaste.

Danksagung

Es gibt so viele Menschen, die mich zu dieser Reise ermutigt haben, und ich werde ihnen immer dankbar sein.

Als Erstes möchte ich meinen Eltern danken, die mir immer Halt gegeben haben. Meine Mutter ist eine wirklich sensible Seele, die mich gelehrt hat, meine Meinung zu vertreten, während mein Vater mich immer dazu ermutigt hat, für das einzustehen, an das ich glaube. An meine Großmutter im Himmel: Danke, dass du immer bei uns warst.

Einen besonderen Dank schulde ich Linda Watson-Brown, die sich das Konzept dieses Buches ausgedacht hat und unermüdlich an dem gearbeitet hat, was Sie nun in Ihren Händen halten, und Clare Hulton, unserer Agentin, die niemals den Glauben daran verlor, dass wir einen Verleger finden würden, und die mich mit dem Verleger zusammenbrachte, auf den ich schon immer gehofft hatte.

Ein Dank geht auch an Gill Benning, David Wells und Monica Cafferky, die mir bei meiner beruflichen Laufbahn in den Medien geholfen haben.

Mein Dank gilt auch der Hay House Familie, Carolyn, Jo und den Redaktionsmitarbeitern, mit denen es ein Vergnügen war zu arbeiten. Die positive Energie von Louise L. Hay machte all das möglich.

David Hamilton hat mir positive Anstöße, Anregungen und Unterstützung gegeben – du bist eine Inspiration, David.

Ich möchte mich ebenfalls bei meiner geistigen Familie bedanken, insbesondere bei June Moore, meiner kosmischen

Mutter, die immer gesagt hat, dass Hay House der richtige Verlag für mich sei. Ich danke Margaret McKim, die vor Jahren meine Entwicklungskreise veranstaltet hat – Sie haben mir viel beigebracht. Dank an Avril Stephens, meine Reikimeisterin, die mir immer gesagt hat, ich solle die Dinge einfach handhaben, und an Alexis Wilson für ihre Unterstützung, Ermutigung und Tipps. Mein ewiger Dank gilt meinen Seelenschwestern Michelle Connor und Diane Etherson, die mir jedes Mal etwas Neues beibringen, wenn ich sie sehe.

Mein Dank geht an die Damen, mit denen ich jede Woche in der Spiritualist Church war und die immer an mich glaubten – Andrea, Marie, Wilma, Jean (im Geiste), May (die verstarb, während dieses Buch geschrieben wurde) und Tillie. Und an Elsie, die meine erste Mitteilung an die Geistwelt erhielt – ich erinnere mich an dich!

Danke an alle Mitarbeiter der Scottish Sun, besonders an Yvonne (die mich davon überzeugte, für ein Interview auf der ersten Seite hereinzukommen), an Emma (die sicherstellte, dass ich alle meine Post und Geschenke erhielt) und an Peter Cox (der mich ständig auf Trab hielt).

Ich möchte ebenfalls meinem erstaunlichen Freundeskreis danken. Meinen Mädchen Jennifer, Teri und Heather, ihr seid wirklich erstaunlich und ich werde euch immer lieben! Den Jungen, die zu meinen Brüdern wurden: Scott, Felix, Ryan und John – ihr seid alle talentierte Persönlichkeiten. All meinen Kameraden von Glynhill für ihre Unterstützung und dafür, dass sie mich zweieinhalb Jahre lang nachts zugedeckt haben – und meiner adoptierten Tante Maroulla dafür, dass sie mir die Gelegenheit gegeben hat, bei ihr zu schlafen. Ich habe so viel von euch allen gelernt.

Natürlich möchte ich mich auch beim Universum und den Engeln bedanken, die all das möglich gemacht haben. Dieses Buch ist der Beweis dafür, dass etwas wahr wird, wenn man nur fest daran glaubt. Ich liebe und glaube an euch alle.

Namaste.

Prolog

Ich erwachte mitten in der Nacht. Es war dunkel und es war still, aber ich hatte keine Angst. Ich war erst vier Jahre alt, aber ich war überhaupt nicht ängstlich. Wieso sollte ich auch, wo doch die Person, die ich mehr als jeden anderen Menschen auf dieser Welt liebte, an meinem Bett saß und danach schaute, ob es mir gut ging?

Ich habe meine Oma heiß und innig geliebt und ich wusste, dass sie auch mich heiß und innig liebte. Immer wenn ich Angst hatte oder aufgeregt war, streichelte sie meinen Arm, bis ich mich beruhigte. Sie umarmte mich und sagte mir, dass sie mich liebe, und ich hatte immer das Gefühl, dass alles gut wird, solange sie nur da ist.

Vor kurzem hatten sich die Dinge geändert. Ich wusste, dass meine Großmutter krank geworden war, denn sie musste zu uns ins Haus ziehen, damit meine Mutter sie pflegen konnte. Mein Spielzimmer wurde von all meinen Spielsachen befreit und in ein kleines Schlaf- und Wohnzimmer für Oma verwandelt. Ich wusste nicht, was ihr fehlte, aber alle Erwachsenen waren sehr ernst, wann immer sie darüber sprachen, und ich bemerkte, dass Oma manchmal nicht richtig atmen konnte.

Als sie in mein altes Spielzimmer zog, war ich glücklich: Es war direkt neben meinem Kinderzimmer und ich war ganz aufgeregt, weil ich ihr so nahe sein durfte. Ich nahm an, sie könne die ganze Zeit mit mir spielen oder hereinschauen und mir Gute-Nacht-Geschichten vorlesen. Leider kam es anders.

Oma brauchte einen Rollstuhl und danach war sie nicht mehr in der Lage, selbständig irgendwohin zu gehen. Sie schaffte es nicht, sich durch die engen Türöffnungen zu manövrieren, um von ihrem

Zimmer in meines zu kommen – und ihre Atmung wurde immer schwerer. Vor einer Woche hatten wir sie ins Krankenhaus gebracht und als wir sie dort besuchten, sah sie nicht mehr wirklich wie meine Oma aus. Sie trug noch immer eine dieser flauschigen Bettjacken, die sie in diesen Tagen wohl ständig anhatte, aber sie war sehr müde gewesen, unfähig, auch nur irgendetwas zu tun. Als sie mich sah, lächelte sie und sagte: „Da ist mein kleiner Junge!", sobald ich in ihr Zimmer lief. Aber wir mussten immer schnell wieder gehen, weil Oma Ruhe brauchte.

Jetzt war ich glücklich sie zu sehen. Sie trug eine ihrer Bettjacken, daher dachte ich, sie wäre wohl nach Hause gekommen und hätte sich aus ihrem Zimmer geschlichen, um mich zu sehen. Wie schön, dass sie nicht mehr in ihrem Rollstuhl saß. Und wie sie so an meinem kleinen Bett saß, sah sie so glücklich darüber aus, dass sie bei mir sein konnte. Allerdings war da dieses seltsame Gefühl im Zimmer – es war fast so, als könnte ich die Liebe fühlen, die von ihr ausging.

Wir lächelten einander an und sie kam näher. Ich war so froh darüber, dass sie bei mir aufgetaucht war und sich besser fühlte. Ich erinnere mich daran, wie ich dachte: „Da ist meine beste Freundin, sie wird mir dabei helfen, wieder einzuschlafen." Ich liebte es, vor dem Einschlafen am Rücken gekrault zu werden. Sobald ich das gedacht hatte, begann Oma, mich zu kraulen. Ich fühlte mich so eingehüllt in ihre Liebe und sicherer als jemals zuvor, fast so, als wüsste ich, dass dieses Gefühl immer da sein würde.

Langsam glitt ich in den Schlaf – sicher, geborgen und glücklich.

Am nächsten Morgen kam meine Mutti in mein Zimmer und öffnete die Rollläden. Die Sonne schien herein und ich fragte, wo denn meine Oma sei. Mutti kam mir ein wenig distanziert vor. Sie fragte mich, was ich meinte.

„Ist sie in ihrem Zimmer?", fragte ich.

Mutti schüttelte den Kopf und schien bestürzt zu sein.

„Ist sie beim Frühstück?"

Wieder schüttelte sie den Kopf.

Ich hatte einen schrecklichen Gedanken: Was, wenn Oma wieder zurück ins Krankenhaus gebracht worden war?

Meine Mutter verließ das Zimmer, als ich sie danach fragte.

Ich hüpfte die Treppen hinunter, um zu frühstücken, und fragte wieder nach meiner Oma.

„Ich habe sie heute Nacht gesehen", erzählte ich meiner Mutti. „Sie kam in mein Zimmer, als ich aufgewacht bin und half mir, wieder einzuschlafen. Sie muss sich schon viel besser fühlen. Ich bin so froh, dass sie den Rollstuhl nicht mehr braucht. Wo ist sie?"

Wieder bekam ich keine Antwort. Was konnte meine Mutti schließlich ihrem kleinen Jungen sagen, der so unschuldig über seine geliebte Großmutter plapperte? Sie konnte mir nicht sagen, dass ich Unsinn rede, und sie konnte mir nicht sagen, dass ich ruhig sein sollte. Ich wurde mit Liebe und Freundlichkeit erzogen – vielleicht war das der Grund, warum meine Mutter sich nicht überwinden konnte, mir zu erzählen, was mir das Herz gebrochen hätte, nämlich dass meine wundervolle Großmutter in dieser Nacht gestorben war.

Sie war niemals aus dem Krankenhaus gekommen, sie war niemals in unser Haus zurückgekehrt. Es war ihr Geist, der zurückgekommen war, um nach mir zu sehen, bevor er weiterzog.

Ich weiß heute, dass Sie noch schnell bei Ihrer Familie vorbeischauen können, bevor Sie hinübergehen, bevor Ihr Geist auf das Licht trifft. Meine Oma und ich hatten eine ganz besondere Verbindung und ich glaube fest daran, dass sie gekommen war, um nach mir zu sehen, während sie auf die nächste Ebene zuging, denn schließlich war ich ihr kleiner Junge. Ich war aufgewacht und hatte die Liebe gefühlt und ich glaube, das war auch so gedacht, denn was meine Oma mir in dieser Nacht gegeben hat, war etwas, das bis zu diesem Tag bei mir geblieben ist. Ich fühlte mich beschützt. Ich fühlte, dass mir niemals ein Leid geschehen würde. Ich fühlte mich unbesiegbar.

Es war ein Segen, der mein Leben veränderte.

1
Lernen und wachsen

Die Nacht, in der meine Großmutter starb, prägte mein ganzes Leben. Sogar mehr als mein Leben, denn ich glaube fest daran, dass das, was wir auf diesem irdischen Planeten erleben, nur ein kleiner Teil dessen ist, was wir in all der Zeit erleben. Diese Nacht beeinflusste mich tief in verschiedenster Weise. Es war nicht nur ein Moment des Verlustes in meinem jungen Leben, es war auch ein Moment, der mich für immer veränderte. Ich möchte Sie mitnehmen, während ich zurück auf meine frühen Jahre schaue, denn dieser Moment war der Anfang von allem. So wie ich es sehe, ist das Leben eine Reihe von Chancen, etwas zu lernen. Viele davon werden durch unsere eigenen Entscheidungen in Bewegung gesetzt. Ich glaube auch, dass es bedeutsame Episoden gibt, die oft Wegweiser dessen sind, was kommen wird. Wenn Sie sich mit mir auf die Reise in die Welt eines vierjährigen Jungen begeben, sehen Sie vielleicht, was damals war und wie ich dahin kam, wo ich heute bin.

Was meine Oma mir in dieser Nacht zeigte, war ein Einblick in mein Schicksal. Seitdem habe ich gelernt, mit Engeln zu kommunizieren, und trotz meines jungen Alters bin ich davon überzeugt, dass das meine Bestimmung in diesem Leben ist. Mit Sicherheit begann alles in dieser Nacht, und ich danke meiner Oma für alles Wunderbare, das mir seitdem passiert ist. Ich hatte eine wirklich enge, schöne Verbindung mit ihr, und ich habe sie immer noch, obwohl sie nicht mehr in physischer Form hier ist.

Agnes war meine Großmutter mütterlicherseits. Sie und meine Mutter waren sich auch sehr nahe und es war ganz natürlich, dass ich vom Tag meiner Geburt an Teil dieser kleinen Gruppe sein würde. Diese starken weiblichen Einflüsse in meinen frühen Jahren prägten mich zu einem Großteil und halfen mir dabei, meiner Gefühle und meiner sensitiven Seite bewusst zu werden. Ich verwünschte sie noch nicht einmal, als diese Sensitivität mir während meiner Schulzeit im Weg stand, denn sie brachte mir auch so viel in meinem Leben.

Bevor meine Oma bei uns einzog, lebten wir sehr nah beieinander. Wir wohnten in einem neuen Haus auf einem Hügel und meine Oma lebte in dem Haus, in dem meine Mutter geboren wurde. Es war höchstens drei Minuten entfernt und ich sah meine Oma jeden Tag. Obwohl meine Mutter meiner Oma viel Aufmerksamkeit schenkte, als sie bei uns einzog, gab mir das doch die Gelegenheit, eine starke Verbindung zu beiden zu entwickeln.

Im Alter von drei Jahren wurde ich sehr krank, was mich meiner Großmutter noch näherbrachte. Etwa ein Jahr lang litt ich am Guillain-Barré-Syndrom, das ist eine Erkrankung, bei der das körpereigene Immunsystem Teile des peripheren Nervensystems angreift. Der Körper führt dabei Krieg gegen sich selbst. Die Krankheit kam, nachdem ich eine schlimme Erkältung hatte. Sie begann mit Schwäche und Schmerzen und Kribbeln in den Beinen, und sie wurde sehr schnell so schlimm, dass ich eines Tages nicht mehr laufen konnte. Die Ärzte befürchteten das Schlimmste und tippten zunächst auf Meningitis. Ich erinnere mich noch an die Lumbalpunktion – es war eine der schlimmsten Erfahrungen in meinem Leben und ich schrie ununterbrochen. Neun Monate lang war ich von der Hüfte abwärts gelähmt. Ich verbrachte einige Zeit im Yorkhill Krankenhaus, der Kinderklinik in Glasgow, aber ich hatte Glück und wurde mit vier Jahren wieder gesund. Es handelt sich dabei um eine seltene Erkrankung. Nach Ansicht der Ärzte trifft sie nur einen von 100.000 Menschen. Ich hatte so ein Glück, dass die Krankheit keine Spätfolgen hinterließ, wenn man von den Plattfüßen einmal absieht, bei denen die monatelange Physiotherapie nicht gegriffen hat.

Am meisten erinnere ich mich an die Lähmung, an die ich in dieser Zeit litt, aber diese Erinnerung ist nicht nur schrecklich. Mir kommt in den Sinn, dass diese Krankheit sogar noch mehr Liebe in mein Leben gebracht hat. Ich saß oft stundenlang auf dem Schoß meiner Großmutter und ich liebte das! Sie war in ihrem Rollstuhl und ich konnte nicht laufen, daher waren wir beste Freunde. Ich liebte Oma unermesslich.

Ich habe auch gute Erinnerungen aus der Zeit davor. Oma trug immer und zu jeder Gelegenheit eine Handtasche mit sich und egal, was man wollte, sie hatte es darin. Eines Tages saß ich im Auto auf dem Rücksitz, während meine Mutter und mein Vater von irgendwoher eine Uhr abholten. Ich erwähnte, dass ich Hunger hätte und Oma zog ein Messer und ein Stück mit Wachs überzogenen Käse aus ihrer Handtasche. Das war typisch für sie. Man wusste nie, was noch aus dieser Tasche kam. Ich nenne diese Art Käse noch bis zum heutigen Tag „Omas Käse", denn sie schien ihn immer wieder in die Finger zu bekommen, als wäre das das Normalste auf der Welt.

Ich konnte den Gedanken nicht ertragen, dass meine Oma ohne mich allein sein könnte, daher ließ ich immer ein paar meiner Spielsachen bei ihr, damit sie ihr Gesellschaft leisteten. Meine Lieblingsspielzeuge waren kleine Plastikmonster, und ich sorgte immer dafür, dass sie ein paar davon an ihrer Seite hatte, wenn ich sie verließ.

Meine Erinnerungen an diese Zeiten sind immer noch sehr stark: Wie wir zusammen Fantasia ansahen, auf ihrem Rollstuhl miteinander kuschelten, Süßigkeiten aßen … Ich war nicht der erste und auch nicht der letzte kleine Junge auf der Welt, der seine Großmutter anbetete, und ich wette, dass viele Menschen, die das hier lesen, genau wissen, was ich meine, wenn ich sage, dass wir der Mittelpunkt der Welt des jeweils anderen waren. Es ist also kein Wunder, dass sie weiterhin eine so große Rolle in meinem Leben spielt, selbst nachdem sie verstorben ist. Immer wenn sie mich sah, rief sie: „Da ist mein kleiner Junge!" Ich rannte zu ihr und wir umarmten uns, als hätten wir uns monatelang nicht gesehen. Im Sommer saß Oma oft mit ihren Nachbarn zusammen und hielt ein Schwätzchen. Wenn die anderen älteren Damen sagten: „Da ist Kyle, da ist mein kleiner Junge!", antwortete Oma sofort. „Nein, nein, nein", rief sie, „er ist mein kleiner Junge!"

Eine meiner schönsten Erinnerungen an sie ist ihre Liebe zu Nippes – sie konnte in jeden Laden gehen und ein Stück Tand finden, von dem sie begeistert war und behauptete, er wäre ein „Schatz". Kinder finden so etwas spannend, da sie ja viel Zeit darauf verwenden zu denken, dass auch Abfall ganz toll ist. So verbanden die Fundstücke mich und meine Oma, und ich war immer neugierig auf die Dinge, die sie auspackte, wenn sie von ihren Reisen zurückkam.

Doch als die Zeit verging, verblassten all diese kleinen Teile ihrer Persönlichkeit. Sie konnte ihr Haus nicht mehr alleine verlassen und hatte daher nicht mehr die Möglichkeit, auf die Suche nach Nippes zu gehen. Sie konnte noch nicht einmal mehr zu den Geschäften hinunter laufen, um eine Tüte mit Süßigkeiten zu kaufen. Ich weiß, dass jeder, der dies liest, die kleinen traurigen Begebenheiten wiedererkennt, die es gibt, sobald ein Leben auf dieser Erde seinem Ende zugeht. Zu diesem Zeitpunkt war ich noch zu jung, um zu begreifen, dass dieser Punkt im irdischen Leben einer Person nur eine vorübergehende Phase ist. Aber heute weiß ich, dass Schmerz, Verlust, Leid und Alter nur Augenblicke auf unserer Reise sind und dass sie uns die Möglichkeit geben, zur nächsten Phase überzugehen. Mit der Hilfe von Engeln können wir Trost in diesem Wissen finden und ich hatte wirklich außerordentliches Glück, dass ich diesen wertvollen Trost in der Nacht bekommen habe, in der meine geliebte Großmutter hinüberging.

Oma litt schon eine Weile bevor sie starb an einem Lungenemphysem im Endstadium. Sie bekam Sauerstoff, ihre Füße und Beine waren dick angeschwollen und sie konnte sich kaum noch bewegen. Sie legte immer eine Decke über ihre Beine und hatte offensichtlich Schmerzen, doch selbst als es ihr wirklich schlecht ging, hatte ich immer noch in Erinnerung, wie sie vorher gewesen war. Sie war so ein toller Mensch.

Im Laufe der Zeit erzählte mir meine Mutter mehr über den Tod meiner Großmutter. Oma war in der Nacht gestorben, in der ich sie noch gesehen hatte. Meine Mutter war bei ihr im Krankenhaus, als sie starb. Als ich an jenem Morgen aufstand, war meine Mutter die ganze Zeit auf den Beinen gewesen, verzweifelt und nicht wissend, was sie tun sollte. Sie konnte sich einfach nicht entscheiden, ob sie mir vom Tod der Oma erzählen sollte. Aber weil ich noch so klein war, hatte sie beschlossen, damit zu warten, bis sich die Situation natürlich ergäbe, anstatt mich mit dem Verlust gleich an diesem Morgen beim Aufwachen zu konfrontieren. Sie und mein Vater entschieden, mit mir mittags essen zu gehen und mir dann die Botschaft beizubringen.

Wir gingen zu einem dieser Familienrestaurants und saßen zusammen. Nachdem wir bestellt hatten, nahm meine Mutter meine Hand.

„Kyle", sagte sie, „das ist jetzt sehr wichtig. Ich muss dir etwas Trauriges mitteilen. Oma ist in den Himmel gegangen."

Ich konnte das überhaupt nicht verstehen. Ich hatte eine grundlegende Vorstellung dessen, was mit Himmel gemeint war, aber ich dachte, dass Menschen dahin gehen, die sterben müssen.

„Nein, ist sie nicht", widersprach ich meiner Mutter. „Ich sah sie letzte Nacht."

„Das muss ein Traum gewesen sein", sagte mir meine Mutter und drückte mich, „denn Oma ist gestorben."

Das ergab keinen Sinn für mich, aber ich vertraute meiner Mutter. Ich wusste, dass sie mich nicht anlügen würde.

„Heißt das, dass ich sie nie wiedersehen werde?", fragte ich und Tränen stiegen mir in die Augen.

„Ich fürchte, ja", sagte Mutter und wurde auch traurig.

„Ich will aber!", schrie ich. „Ich will Oma wiedersehen!"

„Ich weiß", antwortete sie. „Ich möchte sie auch gerne wiedersehen, Kyle, aber das geht nicht. Es geht einfach nicht. Sie ist im Himmel. Sie ist jetzt weg, Kyle. Es tut mir so leid."

Ich verstand das nicht. Oma war in der vergangenen Nacht in meinem Schlafzimmer gewesen, hatte mich gestreichelt und gesünder ausgesehen als noch vor Monaten und jetzt erzählte man mir, dass sie für immer gegangen war. Was war hier los?

Es war eine schreckliche Zeit. Obwohl Kinder den Tod ganz anders verarbeiten als Erwachsene und fast nahtlos von einem Gefühlszustand in den anderen gleiten können, fühlte ich eine Leere in mir, die nicht weichen wollte. Ob ich mich wohl besser gefühlt hätte, wenn ich damals schon gewusst hätte, was ich heute weiß? Ja, ganz sicher.

Wie das Jenseits beschaffen ist

Als ich klein war, sagte man mir, dass alle guten Menschen in den Himmel kommen. Das war ein beruhigender und liebevoller Glaube, und er brachte mir Disziplin bei, weil ich immer fürchtete, alle meine Frechheiten könnten bedeuten, dass ich nicht in den Himmel komme! Allerdings lernen in unserer Kultur manche Menschen von klein auf, dass der Tod etwas ist, vor dem sie Angst haben müssen. Das hilft uns nicht, wenn wir mit dem Tod von jemandem konfrontiert werden, dem wir uns nahe fühlen, besonders dann nicht, wenn wir das einem Kind erklären müssen.

Wenn Sie das jemals tun müssen, reden Sie nicht um den heißen Brei herum. Gehen Sie die Sache ehrlich an, dann werden die Kinder Ihnen vertrauen. Erklären Sie ihnen, unsere Körper seien wie Autos. Sie tragen uns wie ein Fahrzeug, aber sie halten nicht ewig. Doch wenn ein Auto aufgibt, heißt das nicht, dass die Reise zu Ende ist.

Sagen Sie Ihrem Kind, dass der Kern dessen, was wir sind, in unserem Herzen ist. Wenn unser Körper nicht mehr funktioniert, wachsen der wirklichen Person, die wir sind, Flügel und sie geht an einen wunderschönen Ort, wo sie über unsere Familie wachen kann.

Es ist für Kinder sehr einfach, die Idee eines Lebens nach dem Tod zu akzeptieren, denn sie haben eine erstaunliche Vorstellungskraft. Sie werden das Wissen tröstlich finden und vielleicht stellen Sie fest, dass die Kinder sogar verlorene Familienmitglieder sehen. Erzählen Sie Ihren Kindern, dass ihre Familie sie im Himmel hören kann und sie möglicherweise auch ihre Familie hören können, wenn sie ganz genau hinhören. Seien Sie nicht zu verschämt oder zu verlegen, um mit ihnen über verstorbene Menschen zu sprechen. Kinder sind unglaublich offen. Sie nehmen allen Trost an, den es gibt, also seien Sie großzügig mit ihren Geschichten und Erinnerungen.

Wir halten an dem fest, was man uns als Kinder beigebracht hat, und daher liegt es in unserer Verantwortung als liebende und fürsorgliche Erwachsene sicherzustellen, dass unsere Kinder sich an den guten Dingen festhalten und nicht an den schlechten. Wenn sie an ein Leben nach dem Tode glauben, wird ihnen das dabei helfen, ihre Angst vor dem Tod zu verlieren. Wir müssen auf unserer Reise alle durch diese Phase gehen, warum also sollten wir unseren Kindern diesen Trost verweigern?

Erzählen Sie Ihren Kindern, dass sie einen bestimmten, unsichtbaren Engel zum Freund haben, der nur dazu da ist, sie ihr Leben lang zu beschützen. Wann immer sie etwas verlieren oder Angst haben oder traurig sind, können sie diesen bestimmten Engel um Hilfe fragen. Wenn sie nur an diesen Engel denken und ihn im Kopf um Hilfe fragen, wird der Engel nach ihnen sehen.

Geben Sie Ihren Kindern Trost und Liebe, wann immer Sie können. Umgeben Sie sie mit guten Botschaften und ermutigen Sie sie, die spirituelle Seite ihrer Existenz anzunehmen. Wenn Sie das tun, geben Sie ihnen so viel mehr als materielle Güter – Sie geben Ihnen Friede und Zufriedenheit. Kann man sich mehr wünschen?

2
Überall ist Liebe

Nicht lange nach dem Tod meiner Großmutter wurde mein West Highland Terrier Tora von einem anderen Hund angefallen und bekam eine Infektion. Tora war mein ganzes Leben lang bei mir gewesen und ich war untröstlich bei dem Gedanken, dass sie mich möglicherweise auch verlassen musste.

Als sie starb, begann ich nachts merkwürdige Geräusche zu hören, und ich glaubte, es sei Tora, die mich um Hilfe rief. Ich war sehr erschüttert, aber es wurde noch schlimmer, als die Geräusche sich in meinem Zimmer zu bündeln schienen. Es gab tiefe, murrende Töne, die mir Angst machten. Es klang nach Keuchen und Würgen. Alles war so unheimlich und bedrohlich und ich verstand einfach nicht, was geschah. Heute weiß ich, dass Tora nur versucht hatte, mir eine Botschaft zu schicken und dass es nichts gab, wovor ich hätte Angst haben müssen. Aber diese Erlebnisse waren für einen vierjährigen Jungen traumatisch.

Dann begann ich, Bilder zu sehen – Umrisse von Menschen und Energie, die sich bewegte, selbst in einem völlig dunklen Raum. Ich kann das noch immer sehen, aber es beschäftigt mich nicht mehr, denn ich weiß ja nun, was dabei passiert. Damals war ich völlig verwirrt. Sahen und hörten andere Kinder auch diese Dinge? Ich bekam eine Jurassic-Park-Nachtlampe, die mir helfen sollte, aber sie konnte es nicht einmal ansatzweise mit dem aufnehmen, was bei mir los war. Daher begann ich, die meiste Zeit im Schlafzimmer meiner Mutter zu schlafen.

Heute sehe ich mich wie einen Schwamm und das war ich schon damals. Ich habe geradezu absorbiert, was um mich herum war. Auch Dinge, die auf der irdischen Ebene überhaupt nicht vorkommen. Irgendwie wurde meine Fähigkeit, ein Kanal zwischen dieser Welt und dem Himmel zu sein, in mir angeknipst. Geister wollen dieser Welt etwas mitteilen. Als meine Großmutter hinüberging, sahen sie, dass ich in der Lage war, solche Botschaften zu erhalten, und nun wollten sie mir alle welche schicken. Die Tatsache, dass ich erst vier Jahre alt war, war für sie irrelevant, denn Geister sehen das irdische Alter nicht auf die gleiche Weise an, wie wir das tun. Für sie war ich nur ein menschliches Wesen auf diesem Planeten, das zu den vielen anderen gehört, die Botschaften zwischen den zwei Welten weiterleiten.

Es gibt einen Unterschied zwischen Engeln und Geistern, den ich damals noch nicht klar erkannte. Engel sind göttlich-geistige Wesen, die vom Universum (das manche Menschen Gott nennen) geschaffen wurden, um uns auf der Erde zu führen. Ich glaube, sie sind vormenschlich und haben unsere Existenz vom Anbeginn der Zeit beobachtet. Nur ein paar Engel kamen dabei auf die Erde, die meisten blieben immer in ihrer Geistform. Engel sind reine Liebe. Sie sind göttliche Vorbilder für uns und können nicht über uns urteilen. Sie haben alle Besonderheiten, aber sie haben keine menschlichen Persönlichkeiten.

Auf der anderen Seite sind Geister die Seelen unserer ver-storbenen Freunde und Verwandten. Es sind Menschen und Tiere, die ihre körperliche Hülle verlassen haben und in den Himmel zurückgekehrt sind. Geister haben sehr wohl menschliche Persönlichkeiten. Wenn Sie auf der Erde temperamentvoll waren, dann sind Sie auch im Himmel temperamentvoll. Wenn Sie auf der Erde wortkarg und emotionslos waren, werden Sie auch im Himmel so sein. Wenn wir wieder zu Geistern werden, verlieren wir aber unsere Fähigkeit zu urteilen, zu kontrollieren und wütend zu sein. Unser wahres Wesen, die Liebe, umgibt uns immer und sobald wir wirklich Liebe sind, können wir nicht einmal einer Fliege etwas zuleide tun!

Ich werde oft gefragt, ob unsere verstorbenen Lieben zu unseren Engeln werden. Obwohl das ein schöner Gedanke ist, tut es mir leid, sagen zu müssen, dass sie das nicht können, denn sie sind andere Wesensformen.

Einen bestimmten Engel werden Sie alle kennen, es ist der Erzengel Michael, der eine starke und temperamentvolle Einstellung zum Leben hat. Er duldet keinen Unsinn, sondern nähert sich den Dingen immer in einer liebevollen Weise. Seine Erscheinung ist auffallend schön: Er ist etwa 3,60 Meter groß, hat lange Locken aus blondem und silbrigem Haar und trägt eine Rüstung aus Platin, Gold und Kristallen. Seine Augen sind blau, tragen aber ein brennendes Feuer in sich. Er trägt oft ein Schwert, das auch aus Feuer gemacht wurde, aber es ähnelt nichts, was Sie jemals gesehen haben, denn seine Flammen sind fast durchsichtig und schillernd.

„Erzengel" kommt aus dem Griechischen für „Chefengel". Sie haben einen höheren Rang als die traditionellen Schutzengel. Sie sind tatsächlich leitende Engel, sie überschauen den Rest der Schutzengel und deren Bestimmung.

Ich wurde mir des Unterschiedes zwischen Geistern und Engeln sehr schnell bewusst, nachdem ich angefangen hatte, Engel zu sehen, obwohl das erst später kam, als ich schon fünfzehn war. Sie fühlten sich so anders an und ihre Energie war so liebevoll, dass es mich fassungslos machte. Ihre Schwingung ist höher als die von Geistern. Geister scheinen mehr „Charakter" zu haben, während Engel eine göttliche Verbindung haben – sie sind in jeder Hinsicht absolut perfekt.

Wahrscheinlich waren es Engel, die den Geistführern zeigten, wie man Menschen durch ihr Leben führt und wie man andere Geister dazu bringt, mit den Lebenden zu kommunizieren. Ich habe tatsächlich einige Geistführer, aber nur durch die Verbindung zu Engeln entwickelte ich meine Verbindung zum Himmel.

Engel stören niemals unser Leben – sie springen nicht aus Ecken und erschrecken uns, sie sehen immer aus wie Licht und sie kommen nur aus einem Ort der Liebe. Geister hingegen sind unberechenbar und einige von ihnen sind bereit, alles Mögliche zu tun, um an uns heranzukommen und mit uns zu kommunizieren. Das ist insbesondere bei den Geistern der Fall, die nicht bis zum

Himmel gekommen sind und auf dieser Ebene feststecken. Ich glaube, es waren solche Geister, die mich umgaben, als sich meine spirituelle Sicht entwickelte.

Ich hatte keine Ahnung, wie ich verarbeiten sollte, was mit mir geschah, und so wurde alles verworren, dreckig und dunkel. Ich weiß jetzt, dass der Himmel mit einer sehr hohen Schwingung arbeitet. Wenn man mit Geistern spricht, muss man sich selbst in diese Schwingung versetzen. Wenn man das nicht tut, klingt das, was man zurückerhält, recht beängstigend, wie auf einer niedrigen Ebene, wie ein drohendes Gemurmel, das einen immer weiter verfolgt. Ich war erst vier, als das zum Hintergrundrauschen meines Lebens wurde.

Ich erzählte meiner Mutter, dass ich Dinge höre und sehe, aber sie konnte damit gar nichts anfangen. Sie war auch durch den Tod ihrer Mutter in ihrer eigenen Trauer gefangen und musste mit dem Ende ihrer Ehe klarkommen. Und nun hatte sie auch noch einen kleinen Sohn, der nicht in seinem eigenen Bett schlafen wollte und „phantasierte".

Eine Zeitlang fragte sie sich, ob ich ADS hätte. Ich glaube, es ist nur natürlich, dass sie nicht auf die richtige Antwort kam, denn sie war viel zu bizarr. Wer hätte schon gedacht, dass ich Besuch von Geistern hatte?

Wenn ich heute auf diese Zeit zurücksehe, kann ich erkennen, dass ich damals innerhalb einer kurzen Zeitspanne viel durchmachen musste. Meine Großmutter starb, meine Eltern trennten sich und ich kam in der gleichen Woche in die Schule. Das wäre für jeden Vierjährigen traumatisch gewesen, aber die Tatsache, dass ich damals meinen ersten Besuch vom Himmel hatte, bedeutete, dass sich die Veränderungen in jener Zeit für immer in mir verankerten. Es war eine schwere, bewegende Zeit.

Die Geräusche und Visionen hielten jahrelang an. Eigentlich haben sie nie aufgehört, aber ich habe gelernt, mit ihnen umzugehen. Nun ist das Ganze einfach ein Teil von mir. Schon damals war es auch auf eine seltsame Art persönlich. Ich erinnere mich, dass, als ich älter wurde und andere Kinder über Geister und schreckliche Dinge sprachen, ich diese Dinge niemals mit dem in

Verbindung brachte, was in meinem Schlafzimmer geschah, obwohl ich so Angst davor hatte. Was andere Kinder über Halloween erzählten, schien nichts mit dem zu tun zu haben, was bei mir zu Hause passierte. Ich weiß nicht genau, warum das so war, abgesehen davon, dass das, was sie so ängstigte, so künstlich zu sein schien, so vorgetäuscht, während das, was ich sah und hörte und fühlte, so real war. Als ich größer wurde, bekam ich die Kontrolle darüber.

Alles in allem hatte ich eine schöne Kindheit. Meine Eltern trennten sich, als ich vier Jahre alt war, aber bis zur Scheidung dauerte es etwas länger. Davon abgesehen wurde ich geliebt und gut versorgt. Wir lebten in Port Glasgow, am Stadtrand von Glasgow, bis ich ungefähr acht war, und zogen dann weiter nach Greenock, das nur drei Meilen entfernt war. Ich war ein Einzelkind und meine Mutter war immer stolz darauf, wie ich ausstaffiert war: Ich war das Kind in der Spielgruppe mit der farblich abgestimmten Kleidung.

Ich liebte es, zu tanzen und zu singen. Vielleicht brauchte ich nach meiner Guillain-Barré-Erkrankung etwas Körperliches. Ich liebte das Rampenlicht und wollte immer Aufmerksamkeit – meine Mutter würde sagen, ich hätte mich in vielerlei Hinsicht bis heute nicht geändert! Ich weiß nicht, warum ich immer wollte, dass die Menschen auf mich aufmerksam wurden, denn eine meiner peinlichsten Erinnerungen ist, dass ich einen schrecklichen Topfhaarschnitt hatte. Meine Familie zieht mich damit noch bis zum heutigen Tag auf, aber nichts konnte mich aufhalten: Sobald es eine Party oder ein Treffen gab, war ich da und gab eine Vorstellung. Ich war ein guter, kleiner Tänzer und bewegte mich mir nichts, dir nichts wie ein Roboter. Ich habe mich oft gefragt, ob das allein nicht schon ein Zeichen dessen war, was auf mich zukam. Wenn Sie in einem Raum oder einem Theater auf der Bühne stehen und der Saal ist mit Hunderten, sogar Tausenden von Menschen gefüllt, die alle gekommen sind, um Sie zu sehen und um durch Sie Botschaften zu erhalten, können Sie nicht gerade ein Mauerblümchen sein. Selbst wenn Sie zu anderen Zeiten eine schüchterne oder ruhige Seite haben, sollten Sie in der Lage sein, sich zu konzentrieren und alles in einem gewissen Umfang durchzuführen, wenn es zu diesem bestimmten Moment kommt.

Doch trotz alledem wurde ich oft aufgezogen. Ich war sehr empfindsam, was wieder nicht überrascht, weil das möglicherweise der rote Faden für alle ist, die sich ihrer Spiritualität bewusst sind, oder für diejenigen, die diesem Weg folgen, wenn sie älter werden. Und obwohl die Liebe, die ich zu Hause erfahren durfte, mir ein gewisses Maß an Zuversicht gab, war ich trotzdem verletzt, wenn ich in der Schule drangsaliert oder ausgeschlossen wurde. Selbst in der Grundschule hatte man sich oft gegen mich verschworen und ich wurde oft ausgeschlossen. In meiner Highschool-Zeit wurde ich offensichtlicher drangsaliert. Um ehrlich zu sein, man hatte ein leichtes Spiel mit mir. Ich stand nicht wirklich für mich ein. Ich war nicht aggressiv, nicht hitzköpfig, obwohl ich mich sehr leicht über Dinge aufregen konnte.

Obwohl meine Eltern sich schließlich scheiden ließen, waren sie beide immer für mich da. Ich wurde nicht wie viele andere Jungen nach westschottischen Traditionen erzogen. Ich wurde von meinem Vater nicht zum Fußball gedrängt oder Samstag nachmittags auf gefrorene Terrassen gestellt, um sektiererische Gesänge zu hören. Stattdessen zeigte mir mein Vater Dinge wie Snowboarden und Skifahren und sowohl meine Mutter als auch mein Vater ermutigten mich immer dazu, ich selbst zu sein und die Möglichkeiten hinter dem Offensichtlichen zu sehen. Nicht auszudenken, was gewesen wäre, wenn man mir verboten hätte, über das zu reden, was geschehen war, oder ich sogar dafür bestraft worden wäre – und wie vielen Kindern passiert genau das?

Ich appelliere an alle, die ein Kind haben, das empfindsam auf die Anwesenheit von Geistern oder Engeln reagiert, sich der Möglichkeit zu öffnen, dass es da draußen Dinge gibt, die Ihnen selbst vielleicht nicht bewusst sind. Das könnte eine unermesslich wohltuende Wirkung auf das Leben Ihres Kindes haben. Ich glaube, dass es Auslöser im Leben eines Kindes gibt, wie beispielsweise der Verlust eines Verwandten, die es den Geistern und Engeln erlauben, durchzukommen. Eine andere Möglichkeit, durch die ein Kind eine Verbindung der einen Welt mit der anderen finden kann, ist eine Nahtoderfahrung. Die Unschuld ihrer Jahre kann dafür sorgen, dass Kinder ihre Begegnungen akzeptieren, anstatt sie zurückzuweisen, wie das viele Erwachsene tun würden. Also, wenn Ihr Kind eine Verbindung zu anderen Welten hat, seien Sie einfach offen und unterstützen Sie es. Sie wissen nie, was für ein Segen damit möglicherweise auch in Ihr Leben gekommen ist.

Sie können natürlich auch die Tür schließen, wenn Sie das möchten, aber ich wusste damals nicht, wie man das macht. Heute bin ich sehr froh darüber!

Als ich zehn Jahre alt war, ging meine Mutter auf eine parapsychologische Veranstaltung. Sie war mehr als Unterhaltung gedacht als für etwas anderes. Sowohl ihr Vater als auch ihre Mutter waren verstorben, aber Mutter war nicht dort, um ernsthaft zu versuchen, mit ihnen zu kommunizieren. Es war einfach ihre Alternative zu einer Tupper- oder Dessousparty.

Meine Mutter arbeitete zu dieser Zeit als mobile Friseurin und war an diesem Abend spät dran. Als sie sich zurechtmachte, rief ihre Freundin Susan an, die die Party ausrichtete.

„Du solltest dich beeilen, Diane", sagte sie, „das Medium ist hier und sie will keine Anfrage von jemand anderem annehmen, bevor sie nicht mit dir gesprochen hat."

„Wovon redest du?", fragte meine Mutter.

„Nun", begann Susan, „als sie hereinkam, sagte sie, dass noch jemand fehle, mit dem sie reden müsse. Wir teilten ihr mit, dass wir nur noch auf eine Person warten würden, und sie sagte, sie wisse das und dass man ihr nicht deinen Namen nennen solle, denn sie wisse bereits genau, wer du seist und dass sie eigens auf dich warten würde."

Meine Mutter dachte, man wolle sie auf den Arm nehmen und prustete vor Lachen.

Als sie bei Susan war, bemerkte sie die merkwürdige Atmosphäre, sobald sie hereinkam. Meine Mutter hatte erwartet, dass alles ein Witz sei, aber die anderen Frauen waren offensichtlich über die Beharrlichkeit des Mediums ein wenig befremdet und ließen die Frau alleine, bis meine Mutter ankam.

„Sie ist da drin", flüsterte Susan und zeigte in Richtung Küche.

Sobald meine Mutter hineinging, brummte das Medium „Diane…"

Meine Mutter war total geschockt. Die Frau sprach mit der Stimme meiner Großmutter! Diese Stimme war sehr markant – die vielen Jahre, die Großmutter geraucht hatte, hatten für einen rauen Ton gesorgt.

Dann kam Gladys, das Medium, wieder zurück und sprach mit ihrer eigenen Stimme, die viel heller und jünger klang.

„Sie also sind Diane?", fragte sie.

Meine Mutter nickte.

„Nun, dann beeilen Sie sich und setzen Sie sich, denn Ihre Mutter möchte mit Ihnen reden!"

Meine Mutter setzte sich fassungslos.

Sobald sie sich gesetzt hatte, sagte das Medium: „Hier ist eine Warteschlange. Ihre Mutter ist nicht die Einzige, die mit uns sprechen möchte, oder?"

Meine Mutter war davon sehr verwirrt, aber um ehrlich zu sein, sie war von dem Ganzen verwirrt.

„Ich habe einen Mann hier, der Ihnen danken will", fuhr Gladys fort. „Kennen Sie jemanden, der Ihnen danken möchte?"

Meine Mutter schüttelte den Kopf.

„Denken Sie nach. Sie haben einmal jemandem geholfen, nicht wahr? Man hat mir gesagt, Sie halfen jemandem wirklich."

An dieser Stelle wurde meiner Mutter ganz flau, denn sie wusste genau, wohin das führte.

„Dieser Mann", fuhr Gladys fort, „dieser Mann, der jetzt bei mir hier ist, möchte sich dafür bedanken, dass Sie sein Leben gerettet haben. Er sagte mir, dass Sie ihn einmal auf der Straße wiederbelebt hätten und er Ihnen seine restlichen Jahre verdanke."

Was Gladys sagte, war die reine Wahrheit. Einige Jahre zuvor, als Teenager, hatte meine Mutter einen Mann reanimiert, der Hughie hieß.

Als sie daran dachte, hörte sie, wie das Medium sagte: „Aye, Hughie, das weiß sie. Ich habe ihr gesagt, wie dankbar du bist, jetzt geh aus dem Weg und lass jemand anderes durch."

Der Himmelsweg funktioniert oft so, dass jemand, der schon eine Weile dort ist, sich als Erstes mit dieser Welt verbindet und dabei die Schleusen öffnet, damit sich auch andere verbinden können. In diesem Fall war Hughie der Erste und meine Großmutter war dicht hinter ihm.

„Es ist Agnes, nicht wahr?", fragte Gladys. „Sie heißt Agnes?"

Meine Mutter nickte.

„Nun, ich weiß, dass Sie an das hier gar nicht glauben, aber Agnes bittet mich gerade, Sie nach Ihrem blauäugigen Jungen zu fragen."

Die Rede war von mir. Das war einer der Namen, mit denen mich Oma immer gerufen hatte. Meine Mutter war sprachlos.

„Ihr Sohn hat sie gesehen, wissen Sie, er trifft sich mit ihr, seit sie gestorben ist."

Das war erstaunlich. Aus der geistigen Welt, durch Gladys, bewies meine Großmutter meiner Mutter, dass sie noch immer da war, noch immer über uns wachte und dass ich sie von der Nacht an, in der sie starb, wirklich gesehen hatte. Ich hatte meiner Mutter all das bereits früher erzählt, aber diese Bestätigung von jemand anderem brachte die Dinge für sie auf eine komplett neue Ebene.

„Sie sollten besser bald an all das hier glauben", sagte Gladys, „denn der eine da, Agnes' blauäugiger Junge, wird eines Tages genau das Gleiche machen wie ich. Er wird allerdings damit um die Welt reisen, und Sie werden niemals infrage stellen, was er sehen und was er hören kann, denn das wird über allem stehen, was Sie sich jemals vorgestellt haben."

Gladys sprach weiter und erzählte noch mehr über meine Sensitivität und über die Tatsache, dass meine Oma über mich wachte. Aber meine Mutter erzählte mir das jahrelang nicht. Sie behielt ihr Wissen für sich und achtete auf die Dinge, die kamen.

Und es kam einiges ...

Wie man das Beste aus einer Seance herausholt

Zu einer privaten Sitzung mit einem Medium zu gehen, wie das an jenem Tag meine Mutter getan hatte, kann zu einer wirklich nervenaufreibenden Erfahrung werden. Ich habe allerdings ein paar Tipps für Sie, die es Ihnen hoffentlich leichter machen und Ihnen ermöglichen, das Beste aus dieser Sitzung herauszuholen.

Als Erstes würde ich prüfen, mit wem ich es zu tun habe. Fragen Sie Freunde oder Verwandte, ob sie schon einmal von diesem Medium gehört haben, denn es gibt nichts Besseres als eine persönliche Empfehlung. Schauen Sie auf der Homepage des Mediums, ob es positives Feedback zu seiner Arbeit gibt. Die meisten Medien haben heutzutage eine Facebook-Seite, auf der die Leute oft Rückmeldungen zu den Seancen geben, und es gibt noch viele weitere Möglichkeiten herauszufinden, ob die Person, die Sie ausgewählt haben, einen guten Ruf hat oder nicht.

Sagen Sie in der Nacht, bevor Sie sich treffen: „Danke, ihr Engel und Verwandten, dafür, dass ihr in meiner Sitzung durchkommt." Denken Sie an die Menschen, von denen Sie hören wollen, und nutzen Sie Affirmationen, damit Sie das bestmögliche Ergebnis bekommen. Wenn ich beispielsweise eine gute Seance mit jemandem haben wollte, würde ich sagen: „Danke, Engel, Oma und Papa, dafür, dass ihr mit euren klaren, liebenden Botschaften zu mir durchdringt und mir Einsicht in mein heutiges Leben gebt. Danke dafür, dass ihr dem Medium die relevanten Informationen gebt, die nur ich verstehen kann!"

Ich glaube, dass Ihnen ein Medium nicht allzu viele Fragen stellen sollte. Lassen Sie es seine Arbeit machen, denn es ist nun mal seine Arbeit.

Antworten Sie mit „Ja" oder „Nein", aber seien Sie bereit zuzuhören, was die Geister zu sagen haben. Wenn Sie sich unsicher sind, denken sie nach und sagen Sie dann, dass Sie unsicher sind.

Wenn die Sitzung gut läuft, sollten Sie spüren können, dass etwas Übersinnliches passiert. Ein Gefühl von Liebe und Anerkennung, das von den Engeln und Ihren Verwandten kommt, sollte den Raum füllen, um Ihnen dabei zu helfen, sich ganz zu fühlen.

Seien Sie offen. Das Medium spricht vielleicht über Dinge, an die Sie nicht gedacht haben oder von denen Sie sogar nichts wissen wollen. Erinnern Sie sich daran, dass sie göttlich geführt werden und dass sie über diese Dinge sprechen, weil sie das Gefühl haben, es wäre für Sie wichtig.

Medien sollten nur gute Botschaften und Prophezeiungen weitergeben. Wenn sie über den Tod sprechen und über künftige Katastrophen sprechen, nehmen Sie Ihr Geld und laufen Sie davon! Wenn sie mit Geistern und Engeln sprechen, können sie nur Liebe und Unterstützung anbieten. Todesprophezeiungen oder Voraussagen über den Untergang kommen vom Ego und sind ein sicheres Zeichen für einen Scharlatan.

Ein gutes Medium nimmt niemals Geld im Voraus und wird Ihnen nur etwas berechnen, wenn Sie etwas gehört haben, das zu Ihnen passt. Wenn ich für einen Klienten nichts empfange, berechne ich auch nichts. Das bedeutet, dass ich meinen Lebensunterhalt ehrlich verdiene und dass Sie sicher sein können, nicht hinters Licht geführt zu werden.

3
Helfen und heilen

An meinem 15. Geburtstag begann sich alles zusammenzufügen. Ein Freund der Familie kaufte mir damals meine ersten Engelkarten und meine Mutter nahm mich an diesem Wochenende mit zu einer Esoterikmesse, wo ich mir ein paar weitere Geschenke aussuchen durfte.

Nur kurz danach sah ich, dass in der Nähe meines Wohnorts eine spiritistische Veranstaltung stattfand. Sie wurde in der Zeitung angekündigt, und als mir meine Mutter davon erzählte, wurde ich sehr aufgeregt, denn das Medium, das dort sprechen sollte, war das Medium, das viele Jahre zuvor die Sitzung mit meiner Mutter abgehalten hatte. Wir stellten fest, dass die Veranstaltung in einer knappen Stunde stattfand, daher machten wir uns schnell fertig und auf den Weg dorthin.

Weil wir ziemlich spät ankamen, waren die einzigen Sitze, die noch frei waren, in der ersten Reihe, was definitiv ein guter Anfang war.

Ich war verblüfft, als ich das Medium arbeiten sah. Sie nannte den Menschen, mit denen sie sprach, Namen, Daten, Plätze, Straßen und jede Menge anderer Sachinformationen, beschrieb sehr detailliert die Person, mit der sie auf der anderen Seite kommunizierte, und war dabei unglaublich präzise. Es war überaus faszinierend.

Während dieses Auftritts teilte ich meiner Mutter mit, dass ich dazu bestimmt war, genau das auf Erden zu tun.

Ich war auch von meinen Engelkarten begeistert und begann die Engel zu fragen, ob sie mit mir in Kontakt treten wollen. Meine erste Verbindung zu ihnen entstand, als ich meditierte und betete. Ich habe mir dabei ständig vorgestellt, dass mein Körper und meine Umgebung mit Licht gefüllt seien und so erhöhte ich meine Schwingung auf die Schwingung der Engel und konnte immer mehr von ihnen sehen. Nachdem ich gelernt hatte, mich auf die Engel ein- und wieder auszuschwingen, sah ich sie überall, besonders dann, wenn ich alleine war oder in der Natur. Ein klarer Verstand ohne Ablenkungen schien meine Schwingung zu erhöhen, wo auch immer ich war, und es wurde ganz natürlich für mich, Engel zu sehen. Am schönsten war es, in der Lage zu sein, sie zu beobachten, wie sie sich um ihre Menschen bewegten. Ich war ganz in sie vertieft.

Eines Tages hatte ich in der Nähe von Loch Lomond, wo ich bei einem Freund wohnte, ein wundervolles Erlebnis. Ich spürte die Engel überall, während ich durch diese erstaunliche Landschaft wandelte. Bis heute habe ich immer ihre Gegenwart direkt an meiner Schulter gespürt, von wo aus sie mich vorwärtsleiten.

Ich begann, im kleinen Kreis Engelkarten für andere Menschen zu legen. Fast von Anfang an war die Hilfestellung der Engel ganz klar. Die Dinge, die ich aufnahm, waren so intensiv und so direkt, dass ich es kaum glauben konnte – und auch die anderen Menschen konnten es nicht glauben. Für einen jungen Burschen wie mich war das ganz schön aufregend.

Ich nahm meine Engelkarten mit in die Schule und habe sie vielleicht zu Zeiten benutzt, in denen ich es besser nicht getan hätte. Ich erinnere mich, dass ich meiner Sportlehrerin einmal eine Botschaft übermittelte, nachdem ich absichtlich meine Sportausrüstung vergessen hatte. Sie schien wirklich müde zu sein und ihre Aura sah blass aus.

Ich erinnere mich noch, wie ich sagte: „Frau H., ich weiß, Sie fühlen sich im Moment bedrückt und niedergeschlagen, aber Sie haben einen Schutzengel, der Sie leitet und der gerne möchte, dass Sie wissen, dass er an Ihrer Seite ist. Die Albträume, die Sie quälen, haben Sie nur, weil Sie sich dauernd wegen allem Sorgen machen. Sie sollten sich weniger auf Ihre Ängste und dafür mehr auf Ihre Bedürfnisse konzentrieren!"

Ihre Augen füllten sich mit Tränen, als sie sagte: „Ich habe schon gehört, dass du mit diesem psychologischen Kram zu tun hast, aber ich hatte keine Vorstellung davon, wozu du in der Lage bist, Kyle. Ich muss zugeben, dass mich meine Albträume fürchterlich erschreckt haben und ich bin so dankbar, dass ich nun weiß, wie ich sie überstehen kann."

Nach dieser Botschaft wurde ich zum Liebling meiner Lehrerin!

***

Wenn ich mit Engelkarten arbeite, lege ich sie aus und bitte die Person, ihre Energie hineinzugeben, indem sie ihre Hand darauf legt. Dann bitte ich sie, an jemanden zu denken, den sie im Himmel kennt, oder an etwas, von dem sie möchte, dass die Engel es beleuchten.

Normalerweise fange ich eine Beratung damit an, dass ich die Persönlichkeit und ihre gegenwärtigen Gefühle zuerst lese, weil ich darauf bedacht war, dass eine Person wirklich die Kommunikation mit den Engeln will. Ohne diese Prüfung könnten einige Menschen möglicherweise die Informationen oder Ratschläge, die sie bekommen, nicht ernst nehmen. Deshalb glaube ich, dass dies ein wichtiger Rahmen für eine Sitzung ist.

Aber es ist nicht immer notwendig, dass die Person wirklich vor einem sitzt. Als ich damit anfing, arbeitete meine Mutter auf dem Flughafen von Glasgow und eine ihrer Kolleginnen sprach davon, dass sie zu einer Sitzung gehen möchte, weil eins ihrer Familienmitglieder gerade gestorben sei und sie gerne etwas von ihm hören würde. Meine Mutter sagte: „Frag meinen Kyle, ob er für dich diesen Kontakt herstellt – er braucht Übung."

Ich habe die Frau niemals zuvor getroffen. Alles, was ich von ihr wusste, war, dass sie Carol hieß und am Flughafen arbeitete. Sie lebte ziemlich weit von mir entfernt und ich dachte, es wäre ganz praktisch, wenn ich mit ihr eine telefonische Sitzung machen könnte.

Carol schien in vielerlei Hinsicht eine aufrichtige Person zu sein. Aber ich fühlte, dass sie in Wirklichkeit eine Barriere um sich aufgebaut hatte. Um ehrlich zu sein, glaube ich nicht, dass sie dachte, ich wäre in der Lage, ihr irgendetwas mitzuteilen, was wichtig oder persönlich genug war, um sie glauben zu lassen, dass ich wirklich eine Verbindung zu Engeln und dem Himmel hätte. Das war nur verständlich, schließlich war ich erst 15 Jahre alt.

„Hallo, Carol", sagte ich und versuchte fröhlich zu wirken, obwohl ich ziemlich nervös war. Ich spürte, wie sich etwas in meinem Magen verkrampfte. Nichtsdestotrotz war ich ganz aufgeregt bei der Aussicht, dass ich nun die Chance hatte, mich zu beweisen. Ich erzählte ihr, dass ich gehört hätte, sie habe jemanden verloren, der ihr nahestand, aber ich wüsste keine Details. Sie machte klar, dass sie auch meiner Mutter nicht gesagt hatte, wer gestorben war, weil sie sehen wollte, ob ich in der Lage wäre, das selbst herauszufinden.

Ich richtete meine Schwingung auf Carol aus und fragte in meinem Kopf nach ihren Engeln und jemandem in der geistigen Welt, der mit ihr verbunden ist. Ich mischte meine Karten und legte sie.

An diesem Punkt spürte ich, wie Carols Schutzengel zu mir kam und sagte, dass es einen großen Umbruch in ihrem Leben gegeben hat und dass sich Menschen wegen des Ablebens eines Mannes stritten. Ich hatte das Gefühl, dass sie hinter dem her waren, was er hinterlassen hatte, aber dass sie sich nicht um ihn gekümmert hatten, als er noch lebte.

Überrascht bestätigte Carol, dass das alles stimmte.

Dann brachten mir die Engel den Geist des Mannes und ich konnte ihn um Carol herum spüren. Ich sagte zu meinen Engeln „Kann ich mit ihm reden?" Sie antworteten: „Ja", und halfen mir, eine Verbindung zu ihm aufzunehmen. Ich fragte: „Wer sind Sie?", und er antwortete: „George."

Carol war in diesem Moment total geschockt, denn es war tatsächlich ihr Onkel George, den sie gerade an den Himmel verloren hatte.

George sagte mir, dass er sich bei Carol für all das bedanken möchte, was sie für ihn getan hatte. Er wollte, dass sie weiß, wie dankbar er dafür war, dass sie immer dafür gesorgt hatte, dass jemand nach ihm sah und dass er nicht in ein Pflegeheim gesteckt wurde.

In dieser Sitzung wurde viel geheilt und es wurden viele Emotionen freigesetzt. Carol wurde auch durch ihre bestehenden Beziehungen geführt und die Engel ermutigten sie, zu ihrem Bedürfnis zu stehen, mehr mit ihrem derzeitigen Partner zu kommunizieren.

Sich einstimmen

Eine Verbindung mit Engeln aufzunehmen, nenne ich stets „mich einstimmen". Wenn man mit Engeln arbeitet, ist es am besten, man bekommt Routine beim Sich-Einstimmen und auch beim „Sich-Ausstimmen" hinterher. Ich stelle immer sicher, dass ich ausgestimmt bin, wenn ich aufhöre zu arbeiten, besonders, wenn ich danach ins Bett gehe.

Wie Sie vielleicht schon wissen, hat unser Körper ein Energiesystem, das man Chakra nennt. Chakra ist ein Wort aus dem Sanskrit, es bedeutet „Rad" und bezieht sich auf ein Energiezentrum in unserem Körper. Es gibt sieben Hauptzentren: an der Basis der Wirbelsäule, im sakralen Bereich und auf dem Solarplexus, Herz, Hals, Stirn (manchmal auch als das dritte Auge bezeichnet) und Krone. Es gibt zwei besondere Chakren, auf die ich mich bei meiner Arbeit konzentriere – das Herz und die Stirn.

Wenn ich mich einstimme, umgebe ich mich selbst mit Licht und öffne mein Stirn- und Herzchakra. Wenn ich meine Stirn öffne, kann ich klar sehen oder sogar „hellsehen". Wenn ich mein Herz öffne, kann ich die liebevolle Leitung der Engel spüren.

Alles, was man zum Einstimmen tun muss, ist:

Sich bildlich vorstellen, dass man von einem wunderschönen weißen Schutzlicht umgeben ist. Heißen Sie die Engel mit einem Gebet wie diesem willkommen: „Ich danke euch Engel dafür, dass ihr jetzt hier seid und mir dabei helft, eure Liebe weiterzuleiten."

Stellen Sie sich eine wunderschöne, lilafarbene Rose vor, die sich zwischen Ihren Augenbrauen öffnet.

Stellen Sie sich eine liebliche, rosafarbene Rose vor, die sich auf Ihrem Herzzentrum öffnet.

Sobald Sie das getan haben, stellen Sie sich weißes Licht vor, das von Ihren Ohren kommt. Das ist ein Symbol dafür, dass man die liebende Leitung der Engel hören kann (Hellhörigkeit).

Schließen Sie entweder die Augen oder öffnen Sie sie, wie auch immer Sie mögen. Fragen Sie: „Was ist es, das ich wissen muss?" Wenn ich das tue, sehe ich oft Bilder oder höre Worte in meinen Kopf dringen, die entweder von meiner inneren Stimme gesprochen wurden oder von einer anderen Person.

Wenn Sie nichts zurückbekommen haben, nachdem Sie das versuchten, atmen Sie tief bis an Ihren Solarplexus ein und stellen sich etwas Wunderschönes vor. Sobald Sie ausatmen, wird etwas in Ihren Sinn kommen. Am besten ist, Sie schreiben alles auf, was Sie sehen, hören oder fühlen.

Sie können Ihre Engel auch befragen. Um die Dinge zu vereinfachen, fangen Sie mit Ja-oder-Nein-Fragen an. Wenn Ihre Verbindung stärker ist, kommen auch längere Antworten durch.

Sie können das auch mit einem Freund versuchen. Sie können für den Anfang auch Ja-oder-Nein-Fragen stellen. Vertrauen Sie auf das, was Ihnen danach durch den Kopf schießt.

Sobald Sie das Gefühl haben, dass Sie am Ende angekommen sind, kehren Sie den Prozess um. Schließen Sie die Rose auf Ihrem Herzen und die Rose auf Ihrer Stirn.

Sagen Sie: „Danke, Engel, für alles, was ich empfangen habe. Bitte achtet darauf, dass jede übrige Energie um mich herum an das Universum zur Heilung zurückgeschickt wird. Und so soll es sein."

Bei der Arbeit mit Engeln ermutige ich die Menschen immer, sich auf sie als eine Kraft zu konzentrieren, es sei denn, man arbeitet im Bereich der Erzengel. Wenn Sie Engel als Kraft in ihr Leben einladen, geben Sie einem Engel, der Sachkenntnis hat, die Erlaubnis, in Ihrer Situation zu helfen. Wenn ich mit Engeln spreche, ist es manchmal mehr ihre Macht, die durch mich spricht, anstatt nur ein bestimmter Engel.

***

Dieses Buch zu schreiben, ist in mancher Beziehung eine seltsame Erfahrung. So viele Erinnerungen stürmen wieder auf mich ein. Das mag sich ein wenig merkwürdig anhören, weil das alles von einem Mann kommt, der erst Anfang zwanzig ist, aber ich mache das schon eine ganze Weile und es gibt so viele Geschichten zu erzählen.

Meine allererste Botschaft in der spiritistischen Kirche war ein echter Wendepunkt. Was für eine nervenaufreibende Erfahrung das war! Bis zu diesem Zeitpunkt war ich schon eine ganze Weile lang hingegangen und hatte jede Woche in meiner Manteltasche den Samtbeutel, der meine Engelkarten enthielt. Ich saß mit einer Gruppe wundervoller älterer Frauen zusammen, die mich sozusagen adoptiert hatten, und sie zogen gern eine Karte, so dass ich mit ihnen eine kleine Sitzung abhalten konnte.

Normalerweise gibt das Medium, das man besucht, eine Demonstration seiner Medialität. Danach gibt es eine Pause, wonach alle zu ihren Sitzen zurückkehren, um den jungen Medien beim Üben zuzusehen. Aber in dieser Woche war es anders. Nach der Pause standen der Mann, der diese bestimmte Kirche betrieb und die Präsidentin für eine Weile beieinander. Dann fragte der Mann klar und deutlich: „Möchte irgendjemand getestet werden?"

Die Damen, bei denen ich saß, drehten sich zu mir und sagten aufgeregt: „Kyle, das ist deine Chance! Geh hin und zeige ihnen, dass du etwas drauf hast!"

Schon seit endlosen Wochen hatten diese Damen der Präsidentin erzählt, dass ich Geister und Botschaften aufnehme und das jedem Beliebigen beweisen würde, wenn er daran Interesse hätte. Aber sie hatte immer geantwortet, ich sei noch zu jung, um damit auf die Bühne zu gehen. Ich denke jedoch, dass ihre Neugier in dieser Nacht siegte und sie wirklich gespannt war, ob ich das bringen konnte, was alle anderen behaupteten. Ich wurde auf die Bühne gebeten, wo ich in einer Stuhlreihe mit den anderen Grünschnäbeln saß. Der Mann sagte ruhig zu mir: „Okay, Kyle, ich bitte dich nun, deinen Geist von allem frei zu machen und zu prüfen, ob du überhaupt eine Verbindung zu irgendetwas bekommst."

Ich antwortete voller Enthusiasmus: „Das ist in Ordnung, ich habe mich bereits eingestimmt. Ich habe auch schon eine Verbindung und bin bereit loszulegen!"

Ich war der Erste, der in dieser Nacht sprach. Ich wusste, dass ich die Fähigkeit dazu hatte, es war nur eine andere Sache, jetzt vor 200 Menschen zu stehen und den Beweis dafür anzutreten.

Ich erinnere mich, mit einem netten Herrn namens Francis aus der Geisterwelt gesprochen zu haben, der hier war, um Kontakt mit seiner Schwester Elsie aufzunehmen. Er bewies seine Anwesenheit, indem er von seinem schnellen Ableben sprach, und er wünschte, dass seine Schwester erfährt, dass er wohlbehalten im Himmel angekommen war. Ich erinnere mich, wie er über eine Frau sprach, mit der er zusammen war und die eigene Spitzendeckchen herstellte. Elsie bestätigte, dass es sich dabei um ein weiteres, enges Familienmitglied handelte.

Als ich diese Botschaften überbrachte, war mir nicht bewusst, dass ich mit meiner rechten Hand über meinem Herzen dastand. Die Präsidentin sagte zu mir: „Dein Körper ist ein Medium. Du solltest dir all dessen bewusst sein, was du jetzt, aber sonst normalerweise nicht tust."

Elsie bestätigte dann, dass auch die Frau, die Spitzendeckchen gemacht hatte, stets ihre Hand über ihr Herz gehalten hatte. Ich dankte ihr und den anderen in der Geisterwelt.

Das war meine Initiation und sie war gutgegangen, aber ich stand erst am Anfang. Dass ich Woche für Woche in die spiritistische Kirche ging, half mir dabei, auch den Rhythmus von Dingen zu erfassen. Ich lernte, wie ich ein Publikum ansprechen muss und wie ich offen um eine Audienz bitten kann, und die Verbindung mit meinen Engeln wurde immer fester.

An einem Abend hatte ich aber nicht genug Zeit, eine abschließende Botschaft weiterzugeben. Sie war von einem Mann namens Bob. Er wollte seinem Bruder mitteilen, dass es ihm gut ging, aber die Kirche war voll und ich war mir nicht ganz sicher, an wen diese Botschaft gehen sollte. Ich bat Bob, er solle kommende Woche wiederkommen, wenn ihm das möglich wäre, und spürte, wie sich seine Energie von mir entfernte.

Das war spät am Abend und ich musste am nächsten Morgen früh aufstehen, weil ich zur Schule musste. Sobald ich aus der Kirche kam, sprang ich ins Bett und schlief sofort ein.

Während ich schlief, hörte ich, wie jemand meinen Namen rief, und zwar so laut, dass ich dachte, die ganze Welt könnte es hören. Ich wachte auf und sah auf der Seite meines Bettes auf der gleichen Höhe wie mein Stockbett einen Mann stehen, der eine Biker-Jacke trug und langsam eine Glatze bekam. Mit lauter, fast knurrender Stimme sagte er: „Kyle, ich wollte diese Botschaft weitergeben."

Ich bekam einen Schreck, sprang aus dem Bett und rannte an ihm vorbei.

Ich sagte: „Engel, warum ist dieser Mann in meinem Zimmer, sucht meine Aufmerksamkeit und macht mir Angst?"

Sie antworteten: „Du hast dich nicht von der Geisterwelt getrennt. Du hast vergessen, dich auszustimmen und dich daher für jeden Geist offen gelassen, der mit dir kommunizieren will."

Ich bat meine Engel, den Geist des Mannes zurück ins Licht zu führen und entschuldigte mich bei ihm dafür, dass ich nicht genug Zeit gehabt hatte, seine Botschaft zu überbringen. Danach ging ich meine Ausstimm-Routine durch und stellte sicher, dass ich geerdet war. Es war das erste und letzte Mal, dass ich damit ein Problem gehabt hatte.

Sie fragen sich möglicherweise, warum die vielen guten Engel, die ich um mich herum habe, es zulassen, dass so etwas passiert. Nun, alles, was geschieht, geschieht aus einem bestimmten Grund und jede Situation gibt uns die Möglichkeit, etwas mehr über unser Leben und über unser Geschick zu lernen. Indem ich diese Erfahrung machte, wurde ich im Umgang mit der Geisterwelt disziplinierter und stellte sicher, dass ich mich stets ausgestimmt hatte und von meinen Engeln geschützt wurde.

***

Diese frühen Tage brachten täglich neue Lektionen mit sich und jede Sitzung lehrte mich mehr. Ich fand schnell heraus, dass mein Talent als Medium ein wenig Raffinesse benötigte. Ich war noch immer sehr jung und wusste oft nicht, wie ich Botschaften weiterleiten sollte oder die Art und Weise mildern konnte, in der ich sie weitergab. Es passierte so oft (eigentlich die meiste Zeit), dass die Botschaften, die ich von den Engeln erhielt, sich auf äußerst emotionale oder schwierige Dinge bezogen. Ich musste noch so viel lernen und das war wahrscheinlich die Seite der Dinge, auf die ich am wenigsten vorbereitet war. Am Anfang hatte ich gedacht, dass alles, was ich zu tun hätte, wäre, weiterzugeben, was man mir gab. Wie alle anderen Medien auch, musste ich lernen, dass ich nicht nur ein Engelflüsterer, sondern auch ein Berater und Therapeut sein musste.

Als ich 17 war, habe ich Sitzungen in einem Esoterikfachgeschäft in Motherwell, am Stadtrand von Glasgow, abgehalten. Dort wurde alles verkauft, was Sie sich nur vorstellen können, was auch nur im Mindesten mit Heilung zu tun hatte: Reiki, Kristalle und Engel. Ich arbeitete dort jeden Mittwochmorgen und Samstagnachmittag in einem Raum, der eigens für diesen Zweck eingerichtet worden war. Der Laden wurde von einer tollen Frau namens June Moore geleitet, aber ich habe sie immer nur meine „kosmische Mutter" genannt!

Ich erinnere mich, wie ich an einem Samstag kurz vor Weihnachten dort gearbeitet habe und den ganzen Tag für Sitzungen ausgebucht war. Draußen war es nass und windig, aber der Raum, in dem ich war, fühlte sich behaglich und fröhlich an. Er war angefüllt mit Kristallen und die Decke war mit vielen Bahnen eines tief purpurfarbenen Stoffes drapiert. Man hatte das Gefühl, als wäre man in einem Zigeunerzelt auf dem Jahrmarkt. Auch der Tisch, die Stühle und der Teppich waren purpurfarben und passten zu der Stoffdekoration. Die beleuchteten Glasregale reflektierten das Licht der Kristalle und der Farbtherapieschachteln, die auf ihnen standen. Auf einem Schrank stand eine riesige Amethysthöhle, die glitzerte und funkelte. Der ganze Raum strahlte Ruhe und Liebe aus.

Meine erste Sitzung an diesem Abend hatte ich mit einer Frau namens Michelle. Sie war in den Dreißigern und sah so aus, als hätte sie sich niemals viel Zeit für sich genommen. Ihre Haare waren sehr kurz, sie trug kein Make-up und ihre Kleidung war eher praktisch. Ich fragte mich, ob sie wohl zu den Menschen gehörte, die das Gefühl haben, es nicht zu verdienen, das Beste aus sich zu machen. Dann schob ich diesen Gedanken zur Seite, denn ich habe immer versucht, bei meinen Mitmenschen keine voreiligen Schlüsse zu ziehen.

Michelle war unglaublich freundlich und bezaubernd. Sie schien sehr erfreut zu sein mich zu sehen und sofort beruhigte sie mich mehr als andersherum. „June hat mir ganz wundervolle Dinge über dich erzählt!", sagte sie.

Ich bedankte mich und erklärte ihr, wie ich arbeite, wie ich das bei jedem tue. Dann ging ich dazu über, mit ihren Schutzengeln und den Geistern zu sprechen, die um sie herum waren, und mich in ihre Aura einzustimmen. Eine Aura ist die Verlängerung unserer spirituellen Energie, die unseren Körper umgibt. Obwohl die Energie sehr fein ist, können Sie Ihre Sinne darauf trainieren, sie bei jemandem zu sehen, entweder mit dem blanken Auge oder durch Ihr „drittes Auge", womit Ihre psychische Fähigkeit zu sehen gemeint ist. Ihre Aura verkörpert die Person, die Sie wirklich sind, und wie Sie sich an diesem Punkt Ihres Lebens fühlen. Die Energie scheint sich ständig zu bewegen und dauernd ihre Farbe zu ändern. Die Farben der Aura sind ein Spiegelbild der spirituellen Energiezentren des Körpers, den Chakren. Wenn eine Farbe besonders ausgeprägt ist, kann das bedeuten, dass es hier eine Überbelastung eines bestimmten Gefühls, einer bestimmten Situation oder Empfindung gibt, wohingegen das Fehlen einer bestimmten Farbe bedeuten kann, dass man etwas Bestimmtes in seinem Leben braucht oder wünscht. Es gibt verschiedene Schichten der Aura. Ich konzentriere mich auf die „Gefühlsschicht", die bestimmt, was jetzt in ihrem Leben geschieht.

Bei Michelle war diese Gefühlsschicht überall. Die Farben waren an einer Stelle zusammenhanglos, aber an einer anderen Stelle komplett. Ich erkannte sofort, dass Michelles Leben in den letzten zwei Jahren stellenweise schwierig war – das konnte ich an den hellroten, gelben und orangefarbenen Strahlen auf der linken Seite ihrer Aura erkennen.

Ich legte meine Hände auf die Karten, die Michelle mit ihrer Energie ausgesucht hatte, und konnte erkennen, dass sie die Mutter eines Sohnes war. Sie hatte einen ehemaligen Partner, der, wie ich dachte, das Sorgerecht für das Kind hatte. Michelles Einsamkeit war überwältigend. Ich konnte sie sehr deutlich spüren und sie hing unmittelbar mit ihrem Sohn und seinem Verlust zusammen.

„Heute muss viel Heilarbeit getan werden, Freund", ließen mich die Engel wissen. „Michelle hat einiges durchgemacht und ist nun bereit, zu ihrer Kraft zurückzufinden. Du musst ihr sagen, dass ihr Vater durchkommen möchte, um mit ihr zu sprechen."

Ich leitete das alles an Michelle weiter und sie sagte, sie wolle gerne von ihm hören.

Ich konnte ihr mitteilen, dass der Geist ihres Vaters sie zu lieben schien, aber ich konnte auch ein Gefühl wahrnehmen, das sich wie Blei auf meine Brust legte, als ich mental mit dem Mann kommunizierte. Er war verzweifelt und wollte Michelle eine Botschaft durch die Engel senden.

„Sag meiner Tochter, dass es mir leid tut", begann er. „Sag ihr, dass es mir leid tut, dass sie in meine Fußstapfen trat. Ich wollte nicht, dass die Dinge so ausgehen, und ich möchte, dass sie wieder die Kontrolle über ihr eigenes Leben gewinnt."

Ich gab das an Michelle weiter, aber ich war neugierig. „Warum sagt er, dass es ihm leid tut, dass du in seine Fußstapfen getreten bist?", fragte ich sie. Ich würde niemals, auch nicht eine Sekunde verstehen, warum ich eine Botschaft bekommen habe, bevor ich zum nächsten Schritt übergehe.

Michelle sah mich einen Moment lang deutlich bewegt an. Dann sprudelten die Worte nur so aus ihr heraus.

„Ich bin so wie er", flüsterte sie. „Er war ein Alkoholiker und ich bin auch einer. So habe ich Connor verloren. Ich habe mein Kind verloren, weil ich trinke, so wie mich auch mein Vater wegen seines Alkoholismus verloren hat."

Wellen der Einsamkeit strömten aus dieser Frau und es tat mir leid, wie ihr Leben bislang verlaufen war. Aber auf der anderen Seite fühlte ich mich auch sehr optimistisch, denn jetzt gab es Chancen dafür, dass sich die Dinge ändern könnten, jetzt, wo ihre Engel durch mich mit ihr sprachen.

„Engel sind hier mit deinem Vater", sagte ich zu ihr, „und sie möchten dir etwas Heilung bringen – möchtest du das annehmen?"

Michelle nickte zustimmend.

„Es ist wirklich wichtig, dass du diese Gefühle herauslässt", erinnerte ich sie und reichte ihr eine Schachtel Kosmetiktücher.

Sie nickte wieder, aber da wusste ich schon, dass sie bereit war, geheilt zu werden.

In meinen Gedanken sagte ich: „Erzengel Raphael und Engel, umgebt Michelle mit heilendem Licht, so dass sie das alles überwinden kann. Danke euch allen."

Heilendes Licht umgab Michelle. Ihr Vater sagte mir dann, wie stolz er auf sie war, dass sie sich nun dazu entschlossen hatte, ihre Alkoholsucht zu überwinden und dass ihr das gelingen würde.

„Ja, so ist es", sagte Michelle, „ich bin mit all dem fertig. Ich meine das wirklich. Ich mache einen kalten Entzug und rühre keinen Tropfen mehr an. Ich verzeihe meinem Vater. Wirklich."

Sie lächelte und war dankbar für die Anwesenheit ihres Vaters.

In diesem Moment kamen die Engel mit einer weiteren Botschaft wieder zu mir: „Es ist wichtig, dass Michelle nicht nur ihrem Vater vergibt, sondern auch sich selbst. Sie wird ihren Sohn wieder in ihrem Leben haben, wenn sie das tut, aber sie muss sich selbst jetzt vergeben."

Michelle gab zu, dass sie starke Hassgefühle gegen sich selbst hatte. Indem wir Hand in Hand mit den Schutzengeln und den heilenden Engeln arbeiteten, schafften wir es, sie von vielen Gefühlen zu befreien, die sie umgaben.

Es war nicht nur ein Trost für Michelle, zu wissen, dass es ihrem Vater leid tat und dass er sie sehr geliebt hatte und jeden ihrer Schritte vom Himmel aus beobachtete, es gab ihr auch Kraft. Mit dieser Hilfe war sie entschlossen, nicht mehr in seine Fußstapfen zu treten. Sie war ebenso entschlossen, das Sorgerecht für ihren Sohn zurückzugewinnen, denn sie konnte es nicht ertragen, ohne ihn zu leben. Indem sie mit positiven Gedanken in Bezug auf sich und den Gebeten der Engel arbeitete, konnte sie ihr Leben wenden. Einige Monate später kam sie kurz in den Laden, um mich wissen zu lassen, dass sie ihr Leben gut in den Griff bekommen hatte, und ich konnte feststellen, dass sie tatsächlich ihren Sohn Connor wiederhatte.

***

Ich erinnere mich an eine Dame namens Grace, von der ich sehr früh in meinem Leben gelesen hatte. Sie war eine wundervolle Frau, hatte aber nach dem Tod ihres Mannes vor zwanzig Jahren ernsthafte Schwierigkeiten, ihr Leben zu meistern.

Sie war eigentlich sehr skeptisch. „Ich bin mir gar nicht sicher, ob ich an solche Sachen überhaupt glaube", war das Erste, was sie mir mitteilte. „Wahrscheinlich ist das alles Unsinn …"

Überraschenderweise höre ich so etwas sehr oft. Ich bin darüber nie beleidigt, denn ich habe den Eindruck, wenn jemand sich die Mühe gemacht hat, eine Sitzung zu buchen, dann braucht er auch etwas. Und ich bin sehr privilegiert, in der Lage zu sein – hoffentlich –, die Kommunikation der Engel an diese Menschen weiterzuleiten. Ich sehe diese Menschen als Seelen an, die Beweise brauchen, bevor sie meine Botschaft annehmen. Sie glauben nicht notwendigerweise nicht; sie wollen nur überzeugt werden.

Genauso war das bei Grace.

„Nun, wir werden einfach einmal schauen, oder?", sagte ich, als sie sich setzte. „Wenn ich eine Botschaft für Sie habe, können Sie immer noch entscheiden, ob es Unsinn ist oder nicht!"

Ich lächelte sie an, aber ich konnte sehen, dass sie nicht nur skeptisch war, was den ganzen Ablauf anbelangte, sondern dass sie wahrscheinlich auch dachte, ich wäre viel zu jung, um so etwas zu tun. Zu diesem Zeitpunkt war ich gerade dabei, einen guten Ruf als Engelflüsterer zu bekommen, und die Menschen empfahlen mich weiter. Aber ich konnte noch immer die Überraschung auf ihren Gesichtern sehen, wenn sie sahen, wie jung ich eigentlich war.

Grace sah zunächst nicht beeindruckt aus. Sie machte ein abschätziges Geräusch, als sie sich hinsetzte, aber ich konnte die Trauer in ihren Augen sehen. Und es war für jeden offensichtlich – Medium oder nicht –, dass sie hinter ihrer harten Schale einen tiefen, emotionalen Schmerz verbarg.

„Ich kann Ihnen eines versprechen", sagte ich. „Ich werde mein Bestes geben, um von den Geistern Details zu erfahren, die Ihnen dabei helfen werden zu akzeptieren, dass dies Wirklichkeit ist. Ich werde Sie nicht anlügen. Ich werde Sie nicht täuschen. Ich werde ehrlich sein. Wenn ich keine Botschaft empfange, werde ich keine erfinden – aber wenn ich eine Botschaft empfange, können Sie dann auch ehrlich zu mir sein und sie annehmen? Bitte?"

Ich wartete, während sie meine Worte überdachte.

Schließlich nickte sie. „Das ist fair", sagte Grace leise.

Ihre Engel kamen sofort. Sie sagten mir, dass Grace eine sehr entschiedene Frau sei (was ich schon innerhalb von zwei Minuten ihrer Anwesenheit vermutet hätte!) und dass sie sich sehr bemühe, jegliche Gefühle in ihrem Leben zu überwinden, weil sie den Eindruck habe, sie würden sie sonst zurückhalten.

Es gab eine klare Botschaft: „Sag ihr, sie ist nicht allein. Es gibt einen Mann in ihrem Leben, der sie innig liebt."

Unmittelbar nach diesen Worten kam ihr Ehemann durch. Er zeigte mir, wie er gestorben war, nämlich schnell, und ich konnte sehen, dass er ein sehr gut gestellter, gut angezogener Mann gewesen war, und der alles hatte, was man sich jemals an materiellen Dingen wünschen könnte.

Er wollte seine Liebe für seine einsame Frau ausdrücken und

ihr die Erlaubnis geben, eine neue Beziehung zu beginnen. Ich leitete das alles an sie weiter und sie gab zu, dass er immer gesagt habe, dass sie nicht den Rest ihres Lebens alleine bleiben solle, wenn ihm jemals etwas passiere.

Doch das war noch nicht alles, was die Engel für Grace hatten. Sie zeigten mir danach ein Bild ihrer Arbeitsmöglichkeiten. Ich bekam zunächst ein Bild von ihr an ihrem gegenwärtigen Arbeitsplatz, der wenig erfüllend und langweilig war. Hier blies sie Trübsal, kam nur langsam auf die Füße und sogar ich spürte, wie mich meine Energie verließ, während ich sie so beobachtete. Dann bekam ich ein Kontrastfoto einer Arbeitsstelle und es war offensichtlich, dass sie hier der Chef war. Ich sah sie in einem Büro, von dem ich annahm, dass es ein Steuerbüro war, und sie füllte gerade das grüne Formular einer Selbständigen aus. Sie schien auf diesem Bild so glücklich und voller Energie zu sein, und ich wusste, das war für sie die beste Rolle ihres Lebens.

Grace bestätigte, dass sie einmal einen eigenen Friseursalon gehabt hatte und dass sie mit dem Gedanken spielte, wieder einen aufzumachen. Ihre Hauptbesorgnis war, ob es gegenüber ihrem verstorbenen Mann respektlos wäre, wenn sie einfach so „weiterginge". Ich leitete die Botschaft ihrer Engel weiter, die betonten, dass dies der Weg sei, den Grace einschlagen solle und der auch von ihrem Ehemann unterstützt werde. Ich tat mit dieser Botschaft, was ich konnte, und ich sagte Grace, was ich zu sagen hatte, so rücksichtsvoll wie möglich.

Später hörte ich, dass sie wieder ein eigenes Geschäft eröffnet hatte und dass es gut lief.

***

In dieser Zeit, in der ich sowohl am Flughafen Glasgow arbeitete als auch Sitzungen abhielt, begann ich zudem, öffentlich aufzutreten. Meine allererste Erfahrung vor Publikum machte ich, wie bereits erwähnt, in der spiritistischen Kirche. Nachdem ich meine erste Botschaft an die Gemeinde weitergeleitet hatte, wurde ich für einige Monate zum „Neuling", bevor ich einen Entwicklungskreis in einem hiesigen spiritistischen College fand.

Durch dieses College trainierte ich meine Fähigkeiten, vor Publikum zu sprechen, und lernte, wie man ein Publikum aufrichtig anspricht und wie ich mir selbst dabei ermögliche, geerdet und kontrolliert zu sein. Das spiritistische College wurde zu diesem Zeitpunkt von einem Medium namens Margaret geleitet. Sie war eine der besten Lehrerinnen, die ich mir nur wünschen konnte, und ich bin ihr unendlich dankbar für ihr Know-how und ihre Art, erstaunliche Sitzungen abzuhalten, zu denen Woche für Woche so viele Menschen kamen, um Botschaften von der anderen Seite zu hören.

Anfangs war ich immer sehr aufgedreht und auf der Bühne außer Rand und Band. Margaret half mir dabei, mich zu entschleunigen, und stellte damit sicher, dass ich die Informationen aus dem Himmel korrekt wiedergab. Sobald ich das von alleine konnte, hielt sie sich bescheiden im Hintergrund und ließ mich der Gastgeber des Colleges sein und meine Fähigkeiten demonstrieren. So konnte ich damit anfangen, mir eine private Kundschaft aufzubauen, und gleichzeitig andere Medien treffen, welche die Schule ebenfalls besuchten. Ich knüpfte Verbindungen zu gleichgesinnten Fachleuten, Gemeinden und Gruppen, die mich buchten, damit ich auf ihren Veranstaltungen spreche.

Meine Lieblingsveranstaltung war, vor June Moores Gruppe Shambhala zu sprechen. Das war einer meiner ersten Auftritte außerhalb meiner unmittelbaren Umgebung und Margaret begleitete mich, um mich zu unterstützen. An diesem Abend waren etwa einhundert Menschen anwesend, als ich über Engel sprach und eine Kostprobe meiner Medialität gab. Ich fühlte mich dort von Anfang an wohl – ich fahre total auf die Begeisterung dort ab – und ich spreche immer noch einmal im Jahr vor dieser Gruppe.

***

Ich werde niemals den Moment vergessen, als ich gerade auf der Bühne war und ein junger Mann aus dem Himmel durch mich zu seiner Mutter im Publikum sprach.

Der Junge war noch keine zwanzig Jahre alt. Mit einem frechen Lächeln zeigte er auf seine Oma und seine Mutter im Publikum. Einer seiner Frontzähne war leicht angeschlagen und die einzige

Art, wie ich ihn beschreiben konnte, war als einen liebenswerten Schurken.

Seine Mutter war sehr froh darüber, dass ich die beiden verbinden konnte, aber ich wünschte, sie wäre nicht ganz so laut gewesen, als sie schließlich diejenige war, die das Mikrofon in der Hand hielt.

„Ich habe hier Ihren Sohn," sagte ich ihr. „Er ist ein richtiges Energiebündel, kann das sein?"

„Ja, er war schon ein ziemlich freches, kleines A******, unser Logan!", platzte sie heraus.

Gott sei Dank lachte das Publikum und ich war ehrlich gesagt dankbar für ihre Reaktion, denn sie zeigte mir, dass sie noch immer mit sehr viel Zuneigung an ihn dachte. Diese Reaktion war auch eine gute Möglichkeit, das Eis zu brechen, nachdem mir nun schon meine Engel erzählt hatten, dass dies eine sehr knifflige Kommunikation werden würde.

Es schien verschiedene Verschwörungstheorien darüber zu geben, wie der Junge verstorben war, aber ich wusste einfach ohne auch nur den leisesten Hauch eines Zweifels, dass er ermordet worden war. Ich sehe, höre, fühle, schmecke oft Dinge, die zu dem passen, was mir die Engel erzählen, und in diesem Fall sah ich mich auf einem Ödland liegen, umgeben von Gras und einem Zaun. Ich fühlte mich verwundet und komplett außer mir.

Die Art, wie Logan verstarb, war traumatisch, aber als er vom Himmel kam, war er von Engeln umringt, die ihn unterstützten. Alles, was er wollte, war, seiner Mutter zu sagen, dass es ihm leid tat. Er wollte, dass sie wusste, dass er sich niemals ausgesucht hätte, das Leben auf die Art und Weise zu beenden, wie es schließlich beendet wurde. Er wollte nicht, dass es ihr peinlich war, dass er so eine Wahl für sein Leben getroffen hatte, und er wollte auch, dass ich an sie und seine Großmutter viel Liebe weitergebe. Wenn man davon absieht, dass er sie durch seinen Lebenswandel und seinen Drogenkonsum unglücklich gemacht hatte, hatte er doch ein gutes Herz. Es waren einfach die Drogen gewesen, die ihn verändert hatten.

Ich fand, dass es sehr mutig von seiner Mutter war, aufzustehen und diese Botschaft anzunehmen. Seit dem Tod ihres Sohnes war sie die Zielscheibe von vielen Gerüchten und vielem Gerede gewesen; dass sie nun riskierte, sich auf einer öffentlichen Plattform vor vielen Fremden zu öffnen, zeigte, was für einen starken Charakter sie hatte und auch, wie stark ihr Wunsch war, mit ihrem Sohn zu sprechen, selbst wenn diese Botschaft sie noch einmal mit der dunkleren Seite seines Todes in Berührung bringen sollte.

Es gab jedoch noch etwas anderes, das ich ihr zu sagen hatte. „Der Fall ist noch nicht abgeschlossen, oder doch?"

Sie antwortete, der Fall sei abgeschlossen, jedoch nicht auf die Art und Weise, wie es sich die Familie gewünscht hätte.

Ich musste in Bezug auf das, was ich an Botschaften erhielt, ehrlich sein.

„Ich weiß, dass es um Drogen ging, und ich fühle, dass Logan durch die Hände einer anderen Person starb", sagte ich ihr.

Noch während ich sprach, fragte ich mich, ob ich nicht umsichtiger bei der Art sein sollte, wie ich Dinge ausdrückte, aber ich war jung und alles, was ich wollte, war, die Botschaften an die Menschen weiterzuleiten, die sie hören wollten.

Logans Mutter antwortete wie aus der Pistole geschossen: „Versuch das mal der Polizei zu erzählen!"

Das war eine heftige Sitzung. Ich hatte mit so vielen Dingen auf dieser Ebene zu tun, die mich herausforderten: Es ging um Drogen und um vermasselte Chancen, um Menschen, die in die Irre gehen, und um den riesigen Schmerz, den sie hinterlassen. Aber ich tat, was ich konnte. Ich versicherte Logans Mutter, dass an diesem Fall noch andere Menschen beteiligt waren, die vor Gericht gestellt werden würden und ich teilte ihr auch mit, wie viele Fortschritte Logan selbst gemacht hatte, indem er an diesem Abend zu ihr durchgekommen ist.

Indem er die Unterstützung der Engel akzeptierte, konnte Logan jetzt weitergehen und seine Belastungen und sein Bedauern loslassen. Er hatte auf dieser Ebene keine unerledigten Aufgaben mehr und konnte jetzt an die Stelle zurück, an der nur Liebe existiert – in den Himmel.

Der starken und mutigen Frau vor mir schossen die Tränen ins Gesicht. Mir wurde klar, dass meine direkten Worte genau das waren, was sie gebraucht hatte, und dass sie nur wenig auf meine Botschaft gegeben hätte, wenn ich nicht die Todesursache von Logan angesprochen hätte.

Ich habe in dieser Nacht sehr viel gelernt. Die größte Lektion von allen war, dass jemanden heilen oft bedeutet, ihn zu lehren, sich zu lieben, egal, auf welcher Ebene er sich gerade befindet.

Wie wichtig es ist, uns selbst zu lieben

Wir alle, jeder Einzelne von uns, haben etwas gemeinsam: Wir wollen glücklich sein. Aber um wahres Glück spüren zu können, müssen wir uns erst von den Menschen geliebt und akzeptiert fühlen, die um uns herum sind. Um aber wirklich geliebt zu werden, müssen wir uns erst selbst lieben.

Uns selbst zu lieben ist eine der wichtigsten Lektionen, die uns die Engel mitbringen. Das liegt daran, dass das Universum einfache Regeln hat, die wir verstehen und mit denen wir arbeiten können, um das zu erschaffen, was wir in unserem Leben haben wollen. Das Gesetz der Anziehung ist eine davon. Nach diesem Gesetz ist es egal, was wir von uns denken, ob Gutes oder Schlechtes, wir werden es in unser Leben bringen. Wenn wir uns also selbst hassen, wird das Gesetz der Anziehung noch mehr des Gleichen in unsere Richtung ziehen und selbst derjenige, der uns am nächsten und am liebsten ist, bekommt so die Möglichkeit, uns gegenüber hasserfüllt und verletzend zu sein. Das ist der Grund, warum Engel betonen, wie wichtig Eigenliebe ist.

Hier ist ein Beispiel: Wenn Sie ständig über das jammern und stöhnen, was Sie nicht haben, oder wie schlecht jeder in Ihrem Leben ist, werden Sie vom Universum erhört werden und es wird noch mehr schlechte Situationen in Ihr Leben bringen. Genauso ist es, wenn Sie sich oft verurteilen oder kritisieren, werden Sie wahrscheinlich feststellen, dass die Menschen um Sie herum, selbst Ihre Lieben, Sie ebenfalls verurteilen und kritisieren.

Wenn wir wahrhaft annehmen und lieben, wer wir sind, wird das Universum das jedoch in unser Leben reflektieren und alles, was wir dann erleben, wird wunderschön und liebevoll sein.

Bei der Eigenliebe geht es nicht darum, gut auszusehen, und es geht auch nicht darum, arrogant zu sein. Es geht dabei darum, zu sehen und zu glauben, dass wir göttliche Kreationen des Universums sind. Sie sind liebevoll, liebenswert und der Schöpfer Ihres eigenen Lebens. Sie verdienen das Beste!

Engel lehren uns, uns zu lieben und an allererster Stelle nach uns selbst zu sehen. Denn wenn wir das tun, können wir mit jeder Situation viel besser umgehen. Hier ist ihre Botschaft an Sie:

„Mein Freund, du bist der Schöpfer deines eigenen Lebens. Jeder deiner Gedanken und jedes deiner Worte löst eine Energiewelle in deinem Leben aus. Diese Welle wird durch dein Leben getragen und wird alles beeinflussen, womit du verbunden bist. Wenn diese Welle an einem Ort der Liebe beginnt, weil du dich liebst und selbst akzeptierst, wird auch jeder, dem du in deinem Leben begegnest, dich lieben und akzeptieren. Wenn du glaubst, dass alles, was vor dir liegt, das größte Erlebnis deines Lebens sein wird, dann wird das so sein. Wähle deine Gedanken und Überzeugungen mit Bedacht. Das Universum und die Engel unterstützen jede deiner Entscheidungen."

Versuchen Sie dies, um Ihre Eigenliebe zu stärken.

Sehen Sie sich im Spiegel an, sehen Sie sich direkt in die Augen und sagen Sie: „Ich liebe dich. Du verdienst Gutes in deinem Leben. Alles, was vor dir liegt, ist wundervoll und perfekt."

Sie können auch sagen: „Danke, ihr Engel, dafür, dass ihr mir geholfen habt zu erkennen, wie liebenswert und liebevoll ich bin."

Na los, probieren Sie es. Sie haben nichts zu verlieren und so viel zu gewinnen!

4
Den Dingen Platz machen, damit sie wachsen können

Schon oft haben mir Engel Botschaften durch mich an Menschen geschickt, die eine Bestandsaufnahme ihres Lebens benötigten und darüber nachdenken mussten, welchen Weg sie nun gehen sollten. Ich kann dies mehr als alles andere befürworten, denn auch ich selbst brauchte einmal so eine Botschaft, und zwar als ich mir eine Auszeit von meiner Medialität nahm.

Das war in meiner späten Jugend, nachdem ich schon seit mehreren Jahren Kontakt mit der anderen Seite gehabt hatte. Ich mochte es, wenn ich jemandem eine Botschaft vermitteln konnte, die eine echte Veränderung bewirkte. Aber ich war ein junger Mann und ich war frustriert darüber, wie mein Leben in diese Richtung lief, fast ohne dass ich ein Mitspracherecht in der Sache hatte.

Natürlich weiß ich heute, dass die Engel damals besser wussten als ich, dass das, was ich tat, das Richtige für mich war, und sie hatten mich auf diesem Weg begleitet. Allerdings beschloss ich, mit einem Kopf voller Unentschlossenheit, aber enthusiastisch, meine Richtung zu ändern.

Ich hatte Musik schon immer geliebt und nachdem ich den Job am Flughafen quittiert hatte, besuchte ich ein College und studierte Musikproduktion, während ich nebenbei Sitzungen abhielt und auch noch als DJ in einem Nachtclub vor Ort Platten auflegte. Das war wirklich genial und eine echte Schau. Deshalb legte ich meine spirituelle Seite für eine Weile schlafen, ging zurück, um beim Flughafen wieder in Teilzeit zu arbeiten, und konzentrierte mich ausschließlich auf die musikalische Seite der Dinge. Dabei baute ich mir am Ort als DJ eine Fangemeinde auf.

Als ich zwanzig war, legte ich immer noch Platten auf. Ich hatte einen Job in einem Hotel in der Nähe gefunden und arbeitete dort über zwei Jahre lang. In dieser Zeit hatte ich bei einem DJ-Wettbewerb teilgenommen, um beim Rockness Festival am Loch Ness aufzulegen. Ich gewann die Vorrunde in Glasgow, wurde Zweitplatzierter im Finale und durfte zwei Jahre hintereinander auf dem Festival als DJ Platten auflegen. Die Wettbewerbsjury nahm mich in ihre Listen auf und buchte mich für Auftritte in vielen berühmten Veranstaltungsorten von Glasgow und als Unterstützung von Acts wie Calvin Harris. Ich bekam dann monatlich ein Engagement an der Glasgow School of Art, wo ich für Menschenmengen von fast tausend aufgelegt habe.

Allerdings war ich mit der Musik nicht so verbunden, wie ich dachte, dass ich es wäre. Irgendetwas stimmte nicht. Ich hatte nicht das Gefühl, dass ich frei von meinen Beziehungen zur anderen Seite wäre, sondern es fühlte sich an, als würde diese Welt mich zurückziehen. Und ich konnte mich nicht einfach nur dafür interessieren, ich konnte nicht einfach nur ein Zuschauer sein, ich musste unbedingt ein Teilnehmer sein! Trotzdem brauchte ich selbst eine Botschaft, bevor ich das erkennen konnte.

Eines Abends, als ich schon im Bett lag, nahm ich ein Engelbuch in die Hand. Zum ersten Mal seit vielen Monaten entschloss ich mich, mich mit ihnen zu verbinden. Ich stellte sie mir von liebevollem Licht umgeben vor, bevor ich sie zu mir rief.

Sobald ich das getan hatte, fragte ich meine Engel nach einem Zeichen, und, völlig entspannt, griff ich nach meinem Buch und fuhr fort, darin zu lesen. Als ich so vor mich hin las, fiel eine weiße Feder aus meinem Buch auf meine Brust und ich war überwältigt von einem Gefühl der Liebe und des Schutzes. Der Raum war angefüllt mit einem unglaublichen Licht. Es war ein machtvoller, wunderschöner Moment. Ich wusste, dass meine Engel ganz nah bei mir waren und dass bald ein weiteres Zeichen kommen würde – es war, als wenn sie mich nach Hause rufen würden. Ich fühlte mich so ruhig und friedvoll, dass ich wusste, es wäre nur noch eine Frage der Zeit, bevor etwas geschehen würde, das mich auf den richtigen Weg bringt.

Als ich so dalag, begann die Energie um mich herum anzusteigen und ich konnte die Umrisse von Engeln sehen, die den Raum erfüllten. In ihrer Mitte stand mein eigener Schutzengel, Kamael. Seine Energie war so stark, es war erstaunlich. Ich sah ihn als ein starkes, goldenes Licht, das über zwei Meter groß war. Das Gefühl, von einem Platz der Liebe aus geliebt und beobachtet zu werden, war überwältigend. In diesem Moment wusste ich, dass ich akzeptiert war, ich wusste, dass meine Verbindung zu den Engeln noch da war, und es fühlte sich sogar so an, als wäre sie jetzt tatsächlich noch stärker denn je.

Am nächsten Tag erhielt ich aus völlig heiterem Himmel einen Anruf. Es war der Herausgeber der schottischen Zeitung Sun am Apparat. Ich hatte niemals zuvor Pressearbeit gemacht, aber sie wollten, dass ich vorbeikomme und ein Interview gebe, und innerhalb von wenigen Tagen bot man mir eine Position als Kolumnist für eine wöchentliche Kolumne an! Es stellte sich heraus, dass ein Medium, das ich noch nicht einmal kannte, mich als einen möglichen Ersatz vorgeschlagen hatte, wenn es einmal aus terminlichen Gründen nicht konnte. Der Herausgeber hatte mich ausfindig gemacht und ich wusste, dass dies alles Hinweise auf meinen Weg nach vorne waren.

Die Engel halfen mir auch bei dem Interview. Bevor ich den Mann traf, der entscheiden musste, ob ich genommen werde, plauderte ich mit einer älteren Journalistin, Yvonne. Sie fragte mich nach meinen Ideen und wie ich arbeitete. Sie war eine Frau mit einem sehr warmherzigen, großzügigen Wesen und als sie so dasaß, kam der Geist einer Katze herein und setzte sich auf ihren Schoß. Ich sagte kein Wort, ich nahm nur mental Notiz davon.

Nachdem ich mit Yvonne und ihrem Vorgesetzten gesprochen hatte, sagten sie mir, sie würden sich melden, und ich machte Anstalten zu gehen. Während ich das tat, hielt mich Kamael ständig dazu an, die Katze zu erwähnen. „Sie wird es wichtig finden", erklärte er mir.

Daher erzählte ich Yvonne davon und ihre Antwort bestätigte, was ich gesehen hatte und was Kamael gewusst hatte.

„Meine heißgeliebte Katze Majika starb ganz plötzlich letzten Monat", sagte sie, „und ich bin immer noch untröstlich, denn für mich war sie etwas ganz Besonderes. Haben Sie noch etwas anderes gesehen?"

Ich erzählte ihr, dass ich viel kätzische Energie um sie herum gesehen hätte, aber dass es da noch etwas anderes gegeben habe, etwas mit Zehen – ich hatte den Eindruck, es gab einen Witz über jemanden, der sich ständig die Zehen anstieß. Tatsächlich hatte ich in der ganzen Zeit, als ich mit ihr gesprochen hatte, Bilder von Zehen in meinem Kopf.

Yvonne lachte und sagte, „Gott, ja! Letzten Donnerstag rief mich meine Tochter an, prustete vor Lachen und erzählte mir, was meine zwei Jahre alte Enkeltochter gesagt hatte. Als sie ihr erzählt hatte, ‚Mutti, ich habe mir meinen Zehen angestoßen', hatte meine Tochter gefragt, welche Zehe und sie hatte geantwortet: ‚Meinen Daumenzeh!'"

Das alles sicherte mir den Job. Eine Weile lang versuchte ich, meine Scottish-Sun-Kolumne, meine Arbeit als DJ und meinen Ganztagsjob im Hotel unter einen Hut zu bringen. Ich fand es absolut toll, jeden Tag etwas komplett anderes zu machen. Aber nach einer Weile wuchs meine Kundschaft so schnell, dass ich das nicht mehr schaffte. Daher wurde ich im November 2011 wieder ein Vollzeit-Engelflüsterer. Die Engel hatten mir klar gezeigt, wo meine Zukunft lag.

***

Dieses Erlebnis hatte es mir viel einfacher gemacht, völlig zu verstehen, wenn Engel ähnliche Botschaften für andere Menschen auszuliefern hatten – Menschen wie Marie.

Ich hatte Marie vor ein paar Jahren kennengelernt, als sie bei mir eine Sitzung gebucht hatte. Sie war eine von diesen Skeptikern. Sie fing an, indem sie mir sagte, dass sie sich über „Menschen wie Sie" nicht im Klaren sei und dass sie einen „Beweis" brauche, bevor sie irgendetwas von dem glauben würde, was bei dieser Sitzung herauskäme.

Ich erklärte ihr auch meine Position: „Ich begrüße es, wenn die Menschen skeptisch sind, Marie, vorausgesetzt, sie haben einen offenen Geist und sind willig zu glauben, wenn dann tatsächlich der Beweis durchkommt."

Um ehrlich zu sein, sie sah noch immer ein wenig ärgerlich aus, aber ich verband sie sehr schnell mit den Engeln. Sie sagten mir sofort, dass Maries Zynismus das Medium betraf, nicht das Wissen der Engel. Das freute mich. Es macht mir nichts aus, wenn Menschen mir nicht glauben, aber ich möchte immer, dass sie an die Engel glauben, denn sonst können sie niemals all das annehmen, was diese wunderbaren Geschöpfe für sie bereithalten.

Zum Glück war Marie sehr erfreut, als ich ihr sofort die Existenz der Engel beweisen konnte, indem ich eine Botschaft von ihrer Tochter, einer sehr talentierten Tänzerin, an sie weiterleitete. Ich hatte gleich gewusst, dass Marie Mutter war, und als ich anfing, die Engel nach mehr Informationen zu befragen, zeigten sie mir ein junges Mädchen in einer Show auf der Bühne, das dort ihre Sache sehr gut machte. Ich erzählte Marie davon – das Bild kam mit vielen, vielen Einzelheiten – und sie sagte: „Ja, das war in der zweiten Woche."

Im weiteren Verlauf machten mir die Engel klar, dass Marie gerade eine schwere Zeit durchmachte und dass sie eigentlich einen Rat von jemand anderem brauchte, nämlich von einem Rechtsanwalt. Ich bekam die Information, dass ihr Expartner sie missbrauchte und dass er noch einmal zu Psychospielchen und Gewalt gegenüber Marie gegriffen hatte. Ich erinnere mich sehr deutlich daran. Kamael ist sehr direkt, wenn es um solche Dinge geht. Er redet nicht um den heißen Brei herum, sondern gibt mir genau, was ich brauche, um zum Kern der Sache vorzustoßen. Er sagte mir: „Marie ist in einer missbräuchlichen Beziehung, mein Freund. Du musst ihr Kraft geben."

Das ist eine schwierige Botschaft, die hier an jemanden weiterzuleiten ist, insbesondere, wenn es sich dabei um einen Fremden handelt. Aber die Engel geben mir so spezifische Details über die Menschen, dass ich weiß, wie ich sie ihnen mitzuteilen habe. Wenn das nicht so wäre, dann könnte die Person denken, die Botschaft wäre nicht die Wahrheit, und sie wäre daher viel weniger geneigt, den Ratschlag oder auch die Heilung anzunehmen. Es konnte schwierig werden, aber ich musste Marie mitteilen, was ich wusste.

Als ich es tat, wurde sie viel ruhiger. „Es ist wahr", flüsterte sie. „Es ist alles wahr."

Als die Sitzung weiterging, erhielt ich noch mehr Details über das dunkle, emotionale Loch, in dem Marie lebte. Die Engel zeigten mir, dass diese Frau, die am Anfang der Sitzung Funken versprüht hatte und so streitsüchtig war, eigentlich um ihr Leben kämpfte. Sie gaben mir zu verstehen: „Sie muss die Fesseln lösen, die sie an Jack binden."

Marie bestätigte mir, dass dies der Name ihres gewalttätigen Partners war.

Die Engel sagten weiter: „Die Eheschließung ist der Moment, in dem man sich an eine andere Seele bindet. Die Energie, die mit dieser Zeremonie verbunden ist, hält Marie in einem schwächeren Zustand in Bezug auf diesen Mann."

Marie machte deutlich, dass sie nicht offiziell geschieden war, obwohl sie von Jack getrennt lebte. Die Engel sagten unterdessen klar, dass die Ehe nun aufgelöst werden müsse, um sie zuerst auf dem Papier und dann auch in der Realität von Jack zu befreien.

Zu diesem Zeitpunkt brachten die Engel – es war sehr verwirrend – den Geist einer Frau, die ebenfalls Marie hieß. Sie betonten, dass Marie hier sei, um die andere Marie zu beraten und zu unterstützen. Der Geist Marie war, was ich als „kühles Schätzchen" beschreiben würde – freundlich und warm, aber durchsetzungsfähig, nüchtern und sachlich. Es stellte sich heraus, dass sie Maries Großmutter mütterlicherseits war, nach der sie benannt worden war.

Großmutter Marie war eigentlich dabei, mit den Engeln ihrer Enkelin zu arbeiten, damit sie ihr Heilung bringen und ihr helfen konnten, die angestauten Emotionen freizusetzen, die sie mit sich trug. Missbilligend sagte sie mir, dass die junge Marie Jack noch immer liebe. Nichtsdestotrotz solle sie sich zu ihrem eigenen Wohl von seiner Energie abtrennen und rechtliche Hilfe in Anspruch nehmen, um sicher zu sein, dass die Trennung von Dauer sei.

Marie war nicht davon überzeugt, dass sie anwaltliche Hilfe brauchte, aber ich, als ich die Botschaften an sie weiterleitete! Die Engel hatten mir erzählt, dass Jack mittlerweile sehr gefährlich geworden sei, nicht nur für andere, sondern auch für sich selbst. Er habe in der Vergangenheit schon einmal versucht, seinem Leben ein Ende zu setzen. Jetzt kamen sehr viele Informationen durch und mir wurde immer klarer, dass Jack einige Probleme mit seiner psychischen Gesundheit hatte, darunter eine multiple Persönlichkeitsstörung, die die Wurzel seiner Verhaltens-abweichungen waren. Mir wurde gezeigt, dass er in eine Affäre verwickelt war, die der Katalysator für die Trennung von Marie gewesen war. Indem sie ihn jedoch ablehnte, hatte sie seine generelle Angst vor Ablehnung neu entfacht. Diese Angst stammte aus Problemen mit seinem Vater, der ein Alkoholiker war und die Flasche der Familie vorzog.

Als ich all das an Marie weitergegeben hatte, war sie fassungslos. Unter Tränen bestätigte sie, dass der Vater ihres Expartners tatsächlich ein Alkoholproblem gehabt hatte. Nun war sie mit den detaillierten Auskünften der Engel in der Lage, das ganze Bild zusammenzusetzen und zu sehen, welchen Schaden Jacks Ängste an seinem Geist angerichtet hatten.

Die meisten Menschen wollen wissen, wie ich diese Dinge „sehen" kann, und ich bin überaus erfreut, dass ich das jetzt alles erklären kann. Lassen Sie mich aber erst einmal ein wenig darauf eingehen, wie das bei Marie war. In meinem Geist sah ich sie nach Hause in eine Wohnung mit einer weißen Tür kommen. Ihre Tochter, die Tänzerin, war nicht bei ihr. Als Marie versuchte, die Tür zu öffnen, stellte sie fest, dass sie von innen verschlossen war. Sie kämpfte sich ihren Weg nach drinnen und entdeckte ihren Mann halb nackt mit einer anderen Frau. Es war mir sehr peinlich, das alles zu beobachten, aber ich kann nicht über meine eigenen Reaktionen nachdenken, wenn ich so etwas sehe, ich kann nur folgen, wohin mich die Engel führen. Nun wollte Kamael, dass ich dieser Frau Kraft gebe, und das war, was ich versuchen wollte.

Woher wusste ich, dass es Verbindungen zu Maries Schwiegervater gab? Das kam von den Engeln, die mir erzählten, dass sie alte Familienmuster durchlebte, die aus der Zeit vor ihrer Beziehung mit Jack stammten. Dann kam sogar Jacks Vater durch, der sich dafür entschuldigte, dass die Wahl, die er getroffen hatte, eine so große Rolle in den Ereignissen spielte, die nun in Maries Leben vorkamen. Aufgrund dessen, was er getan hatte und was sein Sohn gesehen hatte und womit er aufgewachsen war, wurde ein Muster festgelegt, das Marie erschreckend beeinflusste, auch wenn sie überhaupt nichts dafür konnte. Sie brauchte dringend die Kraft, diese Muster zu durchbrechen und ihr eigenes Leben zurückzugewinnen.

Während ich mit Marie sprach, bekam ich gleichzeitig Informationen von meinen Engeln – für mich ist es eine dreiseitige Konversation! Es ist fast wie ein Frage- und Antwortsystem in meinem Kopf. Wenn ich eine Frage stelle, bekomme ich normalerweise die Antwort.

Während nun Marie hier saß und auf das reagierte, was ich ihr sagte, fragte ich gleichzeitig ihre Engel nach ihrer Situation, um ein Gefühl dafür zu bekommen und um die Besonderheiten herauszufinden, die ihr erlauben würden, mir zu glauben, was ich erzählte. Dann konnte ich erst die wichtigste Frage von allen stellen: Was muss der Mensch, mit dem ich hier sitze, unbedingt wissen?

In diesem Fall konnte ich sehen, dass diese Geschichte das Potenzial hatte, eine schreckliche Wendung zu nehmen, wenn Marie nicht die Initiative ergreifen, die Kontrolle übernehmen und sich behaupten wollte. Ich sah Marie in einer Anwaltskanzlei und nannte die Rechtsanwälte und ihre Nachnamen, die ich auf den Scheidungspapieren sah. Aber dann sah ich Jack, wie er die Papiere erhielt und sie Marie zurückbrachte. Von seiner Ehefrau zurückgewiesen zu werden wie einst von seinem Vater, entfesselte bei ihm ängstliche Wut. Ich sah, wie er sie strangulierte und beobachtete dann, wie sie auf dem Boden lag und nach Atem rang. Sie war freigekommen und hatte die Polizei gerufen und lag nun entsetzt da, während sie darauf wartete, dass sie ihr zu Hilfe kam.

„Dieser Mann hat viele Persönlichkeiten", sagten mir die Engel.

„Das ist so wahr!", sagte Marie. „Er ist manchmal wie jemand ganz anderes. Ich glaube wirklich, dass er eine multiple Persönlichkeitsstörung hat."

Ich musste die Engel um ihren Beistand bitten. Ich bin kein Berater und kein Psychiater – alles, was ich tun kann, ist, das weiterzugeben, was man mir gibt.

„Jack ist sogar eine Belastung für sich selbst", sagten sie. „Sein eigenes Leben ist in Gefahr."

Marie fühlte, dass das stimmte, aber sie fühlte sich auch entsetzlich schuldig. Das war die Stelle, an der wir darüber diskutieren mussten, wie wichtig es ist, die Fesseln zu lösen, die uns an Situationen binden, die uns fertigmachen und für die wir nicht verantwortlich sind. Marie musste an sich selbst und ihre Tochter denken. Sie musste eine Mutter sein und eine Frau, die zu sich steht, und nicht ständig alles für einen Mann tun, der dabei war, sich selbst zu zerstören.

Marie und ich beteten zusammen zu den Engeln und sie halfen ihr, die emotionalen Bindungen an Jack zu lösen, was in der Tat auch miteinbezog, einen Anwalt zu konsultieren, der die praktischen Dinge dieser Angelegenheit regeln sollte.

Ich ließ Marie ein Licht visualisieren, das in ihren Kopf strömte und ihren ganzen Körper von der Stirn bis zu den Zehen reinigte. Dann bat ich sie, sich vorzustellen, alle Stricke, die sie an diese Situation fesselten, seien nichts mehr als dünne Bänder um sie herum. Als wir dies getan hatten, bat ich sie zu wiederholen: „Danke, Engel und Erzengel Michael, dafür, dass ihr die Fesseln gelöst habt, die mich einst an die Vergangenheit, an Gefühle und an andere Menschen gebunden haben. Ich bin frei!"

Als Marie das tat, sah ich, wie die Engel sie mit liebendem Licht umgaben. Drei Engel standen in einem Halbkreis um sie, während der große Engel, von dem ich wusste, dass es Erzengel Michael war, die Fesseln mit seinem flammenden Schwert zerschnitt und Marie so aus ihrer Situation entließ. Marie sagte mir, dass man ihr eine zentnerschwere Last von den Schultern genommen hätte.

Ich war überrascht, als mich nach einer Woche Marie anrief, um mich wissen zu lassen, dass alles neu geordnet wurde und dass sie bereit war, ihr Leben neu zu beginnen. Jack hatte die Scheidungspapiere unterschrieben und sich selbst in ein Krankenhaus eingewiesen. Marie wurde von ihrer Vergangenheit freigegeben und war bereit, in ihrem Leben weiterzugehen.

Die Fesseln lösen

Die Fesseln zu lösen, ist eine der praktischsten Übungen, die wir von den Engeln lernen können. Wenn wir durch unser Leben gehen, sind wir oft vom „Zeug" anderer Leute umgeben und beeinflusst. Wir können auch unter einem alten Muster, einer alten Beziehung oder Belastung leiden. Wenn wir die Fesseln lösen, die uns an eine Situation binden, machen wir Platz für die Engel, die dann eingreifen und uns heilen können.

Obwohl wir das mit allen Engeln machen können, wird der Erzengel Michael oft dazu gerufen, denn er trägt ein Schwert, das jedes Problem oder jeden Konflikt zerschneiden kann.

Wir können die Fessel mehr als einmal lösen, um sicher zu sein, dass wir etwas vollständig losgelassen haben. Wir können es auch regelmäßig machen, um sicherzugehen, dass wir nicht durch irgendwelches „Zeug" zurückgehalten werden. Ich bitte die Engel oft, meine Fesseln um mich herum zu durchtrennen, wenn ich ins Bett gehe, um sicher zu sein, dass keine verbliebene Energie aus meinem Arbeitstag um mich herum verbleibt.

Es ist nicht zu schwierig, die Fesseln zu lösen, wenn man es richtig macht. Das Einzige, was allerdings oft passieren kann, ist, dass es die Gefühle verdrängt, die wir hatten. Achten Sie also darauf, dass Sie in einem Raum sind, in dem Sie sich sicher und wohl fühlen. Es sollte warm sein und sie sollten ein paar Taschentücher bereithalten, für den Fall, dass Sie gefühlvoll werden.

Sie sollten einen Freund haben, der Sie durch diesen Prozess führt oder auch nur eine Aufnahme Ihrer Stimme, um Sie zu leiten:

Setzen Sie sich hin und entspannen Sie sich. Achten Sie darauf, dass Ihre beiden Füße auf dem Boden stehen, Ihr Rücken ist gerade und abgestützt, und Ihre Hände liegen auf Ihrer Hüfte.

Schließen Sie die Augen und atmen Sie drei Mal in Ihren Solarplexus ein und aus.

Sagen Sie in Gedanken: „Danke, Engel und Erzengel Michael, dafür, dass ihr jetzt bei mir seid. Umgebt mich mit eurem Licht, damit ich ohne Angst die Fesseln lösen kann, die mich an die Vergangenheit oder an unerwünschte Energie binden."

Stellen Sie sich strahlend weißes Licht vor, das Ihr ganzes Wesen von oben bis unten durchströmt.

Wenn Sie das tun, möchten Sie möglicherweise an ein paar Situationen denken, die freigegeben werden müssen, oder vielleicht wollen Sie sie sich auch laut vorsagen.

Sie könnten also sagen: „Jede Situation, die freigegeben werden wollte, offenbare sich mir jetzt." Jetzt sehen Sie in Ihrem Geist vielleicht eine denkwürdige Situation, hören einen Namen oder haben ein unerwünschtes Gefühl.

Wenn Sie alles zusammengetragen haben, was erlöst werden muss, dann stellen Sie sich diese Probleme, Gefühle und Menschen wie Bänder vor, die sich um Ihren Körper ziehen.

Sobald Sie diese Bänder um ihren Körper sehen, sagen Sie: „Engel und Erzengel Michael, ihr seid nun bei mir. Danke dafür, dass ihr die Fesseln löst, die mich einst an die Vergangenheit gebunden haben. Ich bin frei. Ich bin frei. Ich bin frei."

Sobald Sie das sagen, sehen Sie die Engel, wie sie kommen und Sie umringen. Sie werden den Erzengel Michael sehen, wie er sein flammendes Schwert aus Energie benutzt, um Ihre Fesseln zu lösen. Sobald sein Schwert sie durchschneidet, zerfallen sie zu Staub. Das ist ein Zeichen Ihrer Freiheit.

Wenn Sie spüren, dass dies getan ist, möchten Sie vielleicht „Namaste" zu den Engeln sagen als eine Geste des Dankes.

Wackeln Sie mit Ihren Fingern und Zehen, wippen Sie mit den Füßen und kommen Sie in den Raum zurück. Achten Sie darauf, Wasser zu trinken und ein wenig Schokolade zu naschen, um sich wieder selbst zu erden!

5
Die Welt der Engel

Je erfahrener ich wurde, desto erstaunter war ich über die Welt, die sich mir neu eröffnete. Aus jeder Sitzung lernte ich etwas und auch von jeder Person, die mir erlaubte, die wunderbare Gelegenheit zu ergreifen, mich mit den Engeln zu verbinden und diesen Menschen in ein neues, gestärktes Leben zu führen. Mit jedem Tag, der verging, wuchs mein Wissen über die Welt der Engel und ich sehnte mich danach, dieses Wissen mit anderen zu teilen.

Von Anfang an habe ich die Menschen immer dazu aufgefordert, sich daran zu erinnern, dass die Engel einen göttlichen Charakter haben. Wenn man mit seinem Schutzengel im Gespräch ist, ist das nicht das Gleiche, wie wenn man mit Tante Betty plaudert oder mit dem alten Kerl, den man jeden Montagmorgen im Supermarkt trifft. Damit will ich nicht sagen, dass Sie eingeschüchtert sein sollen. Ich meine nur, dass Sie im Hinterkopf behalten sollen, dass die Engel nicht in irgendeiner Art und Weise werten oder nachtragend sind.

Es gibt sieben Wirkungsbereiche der Engel, wovon der erste Bereich der der Schutzengel und der zweite der Bereich der Erzengel ist. Bislang hatte ich mit den anderen Bereichen nicht viel zu tun – die Welten von Seraphim und Cherubim, Thronen und Herrschaften, Tugenden, Mächten und Gewalten –, denn sie spielen eine universellere Rolle.

Die Engel des Lichts sind eine Engelschar, die uns dabei hilft, die dunklen Situationen in unserem Leben zu erhellen. Es gibt

Engel, die schenken Hoffnung, Einsicht in die eigene Situation und eine Antwort auf Ihre Fragen.

Diese Engel werden von Erzengel Uriel regiert, dessen Name „Gott des Lichtes" bedeutet. Ich sehe ihn immer als einen großen, attraktiven Engel mit seidiger, goldfarbener Haut und tiefblauen Augen. Sein Teint ist sehr blass, aber er leuchtet mit Licht in einer Weise, wie ich sie noch nirgendwo anders gesehen habe. Seine Stimme ist direkt, sie führt und beruhigt. Er duldet keinen Unsinn, hat aber Sinn für Humor.

Die Engel des Friedens sind eine Schar von Engeln, die uns dabei helfen, inneren Frieden und Glück in allen Bereichen unseres Lebens zu finden. Sie arbeiten eng mit dem Erzengel Azrael und Erzengel Raguel zusammen.

Azraels Name bedeutet „Derjenige, der Gott hilft". Er ist der Erzengel, der den Seelen dabei hilft, ins Licht zu kommen. Er hilft aber auch dabei, Trauer und Verlust zu überwinden. Sein Wesen hilft uns, weiterzumachen, wenn ein geliebter Mensch verstorben ist, mit dem Wissen, dass dieser Mensch nicht aus unserem Leben verschwunden, sondern im Geiste bei uns ist.

Raguels Name bedeutet „Freund von Gott". Er ist ein wunderschöner Engel mit perlweißer Haut und Haaren. Seine Augen sind weiß und silberfarben. Seine Rolle ist es, dabei zu helfen, Familienstreitigkeiten und -fehden beizulegen. Er erinnert uns daran, dass es nur Liebe gibt und dass wir alles überwinden können, wenn wir uns daran erinnern.

***

Die Liebe der Engel hört nie auf, mich zu überraschen. Ich erinnere mich sehr genau an eine zauberhafte Dame namens Betty, die vor einigen Jahren für eine Sitzung zu mir kam. Sie war in ihren Achtzigern und kam mit ihrer Tochter. Die Sorge der beiden galt Bettys Ehemann Hugh. Der ältere Mann wurde damals in einem Krankenhaus rund um die Uhr überwacht, denn er war vom Nacken an gelähmt. Seine Lähmung kam völlig unerklärlich – niemand hatte auch nur einen Hauch einer Ahnung, woher sie kam. Die Mediziner dachten, es könne sich um das Guillain-Barré-

Syndrom handeln, also um genau das, woran ich selbst vor Jahren einmal gelitten hatte.

Die Familie hoffte, dass ich mit ihm arbeite. Das war der wirkliche Grund, warum sie mich aufsuchten. Ich stimmte zu, Hugh zu besuchen, um ihm etwas Heilenergie zu bringen und ihn mit Kristallen und positiven Gedanken zu versorgen. Die Familie suchte verzweifelt nach etwas Hoffnung und ich war froh, helfen zu können. Betty war eine erstaunliche Frau und allen spirituellen Lehren gegenüber offen. Sie hatte vor vielen Jahren sogar einmal eine Sitzung bei Helen Duncan, dem berühmten Medium, gehabt!

An dieser Stelle meiner Karriere war ich bereits in Reiki, Kristallheilung und Farbtherapie ausgebildet. Ich war beim Berufsverband der Holistic Healers Association registriert und ich wusste, was ich bei Hugh zu tun hatte. Ich bat ihn, sich vorzustellen, sein Körper wäre von Kopf bis Fuß von weißem, heilendem Licht bedeckt. Währenddessen tat ich das Gleiche und stellte mir vor, dass vom Universum heilende Energie durch meine Hände käme, sobald ich ihn an den Schultern berührte.

Bei dieser ersten Sitzung lief alles gut. Ich gab Hugh noch einen Quarzkristall für seinen Wasserkrug und bat die Engel, ihn auf ihre heilenden Strahlen einzustimmen. Dankenswerterweise stand das Krankenhauspersonal sehr offen dem gegenüber, was ich da mit Hugh tat – es ist einfach toll, wenn Menschen eine liebevolle Geisteshaltung haben – und sie hatten keine Probleme mit dem Kristall, den ich dort ließ, damit Hugh ihn für sich verwenden konnte, falls er daran glaubte, dass er ihm helfen würde.

Bei meinem nächsten Besuch einige Wochen später war Hugh sehr viel glücklicher und sehr interessiert an dem, was ich ihm über Engelheilung zu erzählen hatte. Daher begann ich mit einer intensiven Sitzung. Es ging ihm um ein Vielfaches besser als zu dem Zeitpunkt, an dem wir uns das letzte Mal gesehen hatten. Und obwohl er noch nicht wieder auf den Beinen war, war er viel mobiler und, noch wichtiger, er hatte wieder Hoffnung. Er und Betty waren Seelenverwandte, sie lebten füreinander, und ich spürte, wie sein Herz brach, wenn er daran dachte, dass er sie hier auf Erden verlassen müsse. Er wünschte sich verzweifelt, für sie weiterzuleben.

Er fragte mich, ob ich eine weitere Heilsitzung geben könne, denn er habe beim letzten Mal sehr deutlich davon profitiert. Seine Familie ließ uns für diese Sitzung alleine. Hugh fragte, ob er selbst etwas dafür tun könne, dass sich die Energie des Lichts verstärkt. Ich sagte ihm, er solle offen für jede Art von Heilung sein, die kommen möge und jeden Geist einzuladen, vorzutreten und uns zu begleiten, der ihm helfen könne.

Ich betete zu meinen Engeln und bat sie, zu Hugh zu kommen und ihm die Art von Heilung zu bringen, die körperliche Veränderungen in seinem Körper und Energiehaushalt verursachen kann.

Bei der spirituellen Arbeit ist der Solarplexus die Stelle des Gefühls. Wenn wir spüren, wie sich dort etwas bewegt, liegt das daran, dass sich die Energie verändert. Viele Menschen fragen sich, wie sich das anfühlt. Die beste Beschreibung, die ich dafür habe, ist diese: Stellen Sie sich ein Rad vor, das sich dreht. Ganz plötzlich dreht es in eine andere Richtung. So fühlt es sich an, wenn sich die Energie in einem Raum verändert. Es ist schon erstaunlich und begeistert mich jedes Mal.

Dieses Mal betraten während der Heilsitzung die Engel das Krankenzimmer und verbreiteten ringsum die Farben des Regenbogens. Sie bemalten die Wände und Betten in hellen, schönen Farbtönen und verbreiteten Licht über Hughs Körper. Der ganze Raum sah aus, als hätte jemand die weiß getönten Wände mit Farben und Regenbögen bemalt. Es war eine Vision voller Freude.

Dann sagten die Engel zu mir: „Da gibt es einen Mann, der gerne bei der Heilung assistieren würde", und ich antwortete in meinem Geist: „Heißt ihn bitte willkommen."

Ein Mann näherte sich uns im Geiste. Er trug Krankenhauskleidung und sagte, sein Name sei Sam. Er, die Engel und ich schickten zusammen heilendes Licht in Hughs Körper, bevor seine Familie wieder in den Raum zurückkam. Nur ich konnte Sam sehen, aber Hugh sagte, er könne die tiefsten und unbeschreiblichsten Farben durch seine geschlossenen Augen hindurch sehen. Die Heilung funktionierte!

Ich erinnere mich an Hughs Worte, als wäre es erst gestern gewesen: „Es fühlte sich an, als würde ich schweben – als könne ich meine Arme und Beine wieder bewegen, aber das Erstaunlichste waren die Farben, die ich durch meine geschlossenen Augen sehen konnte – so hell und schön – und es fühlte sich so an, als würde es mir schon helfen, sie nur zu sehen."

Ich fragte die anderen Familienmitglieder, ob sie eine Person namens Sam kennen, der OP-Kleidung trägt, aber niemand kannte ihn. Ich schlug leise vor, dass sie diese Information im Gedächtnis behalten sollten, denn ich war mir sicher, dass sie bald Sinn ergeben würde. Ich sagte ihnen, wie der Mann auf mich gewirkt hatte: Er war in seinen späten Fünfzigern, hatte graumeliertes Haar, sein Gesicht war wie gemeißelt und er hatte rosige Wangen. Das, woran ich mich am meisten erinnerte, war sein Lächeln – er lächelte viel!

Hughs Familie war sehr aufgeregt. Sie konnten sehen, dass sein Gesicht strahlte. Dieses Glück und die Hoffnung in ihm zu sehen, bedeutete ihnen alles. Er konnte seine Hände bewegen und versuchte sogar, seine Beine anzuheben, was ein Riesenerfolg für ihn war, wenn auch sehr erschöpfend.

Eine Woche später rief mich Hughs Tochter an. Sie erzählte mir, dass ihr Vater die Beweglichkeit in seinen Händen wiedererlangt habe – und dass sie nun auch wisse, wer Sam sei. Es stellte sich heraus, dass er der Stationspförtner war, der an dem Abend Dienst gehabt hatte, als Hugh vor einem Jahr ins Krankenhaus eingeliefert wurde. Er war vor ein paar Monaten verstorben. Die Familie hatte herausgefunden, wer er war, als sie das, was ich gesehen hatte, gegenüber einer Stationsschwester erwähnten. Sie hatte ihn sofort wiedererkannt, denn er war die Seele der Station gewesen und wollte niemals in den Ruhestand. Er hatte stets dafür gesorgt, dass die Patienten ihren Mut nicht verlieren, und brachte ihnen täglich eine Kleinigkeit. Er war ein wundervoller Mensch gewesen, der jeden beim Namen kannte und immer einen Weg fand, anderen zu helfen. Das tat er immer noch und er zeigte seine Freundlichkeit von der anderen Seite aus.

Einige Monate später starb Hugh bedauerlicherweise und ich wurde zur Beerdigung eingeladen. In der Nacht davor besuchte mich Hugh, als ich in einen traumreichen Schlaf fiel. Er erzählte mir, dass er im Geist mit den Engeln sei, die sich vergewissern wollten, dass er in ihrer Welt sicher war. Ich fragte ihn, ob er eine Botschaft habe, von der er wolle, dass ich sie überbringe. Er antwortete: „Sag meinem Lammrippchen, dass es mir gut geht."

Ich fiel in einen tiefen Schlaf und dachte nicht mehr daran.

Die Begräbnisfeier war sehr bewegend für mich, denn ich war Hugh sehr nahegekommen, besonders, weil die Erfahrungen, die ich mit ihm geteilt hatte, meine Arbeit mit den Engeln intensiviert hatte.

Beim Tee wurde ich von Betty angesprochen, die mich am Arm nahm. „Kyle", sagte sie, „kannst du nur ein einziges Wort sagen, das mir verrät, dass Hugh sicher im Jenseits angekommen ist?"

In diesem Moment erinnerte ich mich an meinen Traum und ich erzählte ihr von der Bemerkung mit dem Lammrippchen.

„Das war sein Spitzname für mich", sagte Betty, „und er benutzte ihn nie, wenn jemand anderes anwesend war."

Ich erzählte ihr, dass Hugh bei den Engeln und sicher im himmlischen Schoß angekommen war.

Hugh und Betty haben mich sehr beeindruckt und mittlerweile ist auch Betty verstorben. Sie sind wieder zusammen, Seelenverwandte für die Ewigkeit.

***

Jeder muss seinen eigenen Zugang zur Welt der Engel finden. Felicity, eine Leserin meiner Kolumne, nahm kürzlich Kontakt zu mir auf, weil sie zu einem meiner Workshops kommen wollte. Die Zufälle, die zu dieser Entscheidung führten, waren einfach unheimlich.

Ich hatte einen Zeitungsartikel über Engelworkshops geschrieben, der Beiträge von Experten aus der ganzen Welt enthielt, nicht nur aus dem Vereinigten Königreich. In diesem Artikel hatte ich meinen eigenen Workshop erwähnt und auch den Ort, an dem er stattfand, nämlich in einem Laden, der sich Heaven Scent nannte. Felicity las den Artikel und dachte, vielleicht komme sie einmal vorbei. Aber schon vor dem nächsten Morgen bekam sie das Gefühl, sich verbindlich anmelden zu müssen, nachdem sie sich geschäftlich mit einem Mann getroffen hatte, den sie aus ihrer Schulzeit kannte.

„Was machst du so beruflich?", fragte sie ihn.

„Meine Familie entwirft Beschichtungen für Autos, die wir Angel Wax nennen", erzählte er ihr.

Als sie ihm antwortete, dass sie Engel liebe, sagte er „Unser Slogan ist ‚A Scent of Heaven' (Ein Hauch vom Himmel)."

Felicity wusste, dass dieser Zufall ein Fingerzeig war, der sie zu meinem Workshop im Heaven Scent führte!

Im Workshop selbst fühlte sie, dass der Geist ihres Vaters anwesend war, und sie sah ihn auch während ihrer Meditation, was sie gefühlsmäßig aufwühlte. Und bei all dem fühlte sie, wie sich die Verbindung zu ihrem Schutzengel verstärkte.

Eine der Übungen, die wir in den Workshops machen, ist, einer anderen Person eine Engelsitzung zu geben. Eine der anderen Workshopteilnehmerinnen, Aria, griff das Gefühl eines Engels auf, der mit dem Geist eines Mannes kam, der „Hallo" zu Felicity sagen wollte. Sein Name war John und er war an einem Herzinfarkt gestorben. Es stellte sich heraus, dass dies ihr Vater war!

An einer anderen Stelle des Workshops erwähnte ich Felicity gegenüber meine Katze Ralph und sie sagte mir, das sei der Spitzname ihres Vaters gewesen!

Unterstützung durch Engel

Engel begleiten uns unser ganzes Leben lang, selbst wenn wir das nicht wissen. Können Sie sich die Möglichkeiten für jeden

Einzelnen von uns vorstellen, wenn wir diese Liebe und Unterstützung bündeln? Warum sollten wir nicht darum bitten? Und warum nicht jetzt?

Engel sind nicht weiter als nur einen Gedanken von uns entfernt und können uns bei allem helfen, was immer wir uns wünschen. Erinnern Sie sich, sie sind göttliche Wesen, daher verurteilen sie unsere Wünsche nicht. Wenn Sie aus egoistischen oder oberflächlichen Gründen um Hilfe bitten oder um Dinge, die nichts zu Ihrer Lernerfahrung beitragen, können sie jedoch ihre Hilfe verweigern. Denken Sie immer daran: Sie wissen, was sie tun.

Ich kann die Menschen schon gar nicht mehr zählen, die mich gefragt haben, warum ich die Engel nicht einfach um einen Ferrari oder um einen Haufen Diamanten bitte. Während mir die Anschaffung von materiellen Dingen vielleicht kurzfristig Glück bringen könnte, wäre es nichts, was mich als Individuum wachsen lässt, also bringt es mir keinen wahren Gewinn. Das ist der Grund, warum ich an solchen Dingen überhaupt kein Interesse habe. Engel helfen Ihnen nicht sofort, nur weil Sie vielleicht ein neues Paar Schuhe haben wollen, die Sie dann in den Schrank neben Ihre fünfzig anderen Paare stellen, die Sie bereits haben. Sie versorgen Sie auch nicht mit einer Kiste teuren Champagners, nur weil Sie die Art von Mensch sind, die auf Marken und oberflächliche Prestigeobjekte steht. Aber wenn Sie beispielsweise um ein Auto bitten, damit Sie die Arbeit bekommen, für die Sie sich beworben haben, oder um sicherzustellen, dass Sie Ihre Kinder am Wochenende sehen können, wäre das allerdings eine andere Sache. Das könnte für ein höheres Ziel stehen und wäre eher etwas, was Ihnen die engelhafte Einmischung verschafft.

Es gibt auch einige einfache Dinge, die Sie tun können, um mehr Unterstützung von den Engeln zu erfahren. Es liegt alles an den Worten, die Sie sagen, und an den Gedanken, die Sie haben. Sehen Sie, Engel arbeiten mit dem freien Willen, daher werden sie in Ihr Leben nicht eingreifen, es sei denn, Sie erlauben die Unterstützung. Sie arbeiten auch mit dem Gesetz der Anziehung, daher wird all das in Ihr Leben kommen, woran Sie glauben und auf was Sie sich konzentrieren.

Engel wollen helfen, aber sie finden es schwierig zu intervenieren, solange Ihnen angst und bange ist. Wenn Sie sich angewöhnen, stets um Hilfe zu bitten, dann machen Sie die Dinge noch schwieriger, denn wenn Sie bitten, bringen Sie Angst in die Sache, denn Sie machen sich darüber Sorgen, dass Ihre Gebete nicht erhört werden könnten.

Es gibt drei wichtige Tipps, die ich Ihnen geben kann, um Ihnen bei der Unterstützung durch die Engel zu helfen:

- Erstens: affirmative Gebete. Hören Sie auf, routinemäßig zu sagen: „Bitte helft mir", sondern ersetzen Sie es durch „Danke dafür, dass Ihr mir helft." Das ist das Richtige: Wenn Sie beten, danken Sie dem Engel und dem Universum dafür, dass sie Ihnen die Unterstützung bereits gegeben haben. Auf diese Weise haben Sie sich von der Angst gelöst und Sie vertrauen darauf und erwarten, dass Ihnen die Hilfe zuteil wird. So bringt das Gesetz der Anziehung tatsächlich diese Hilfe. Erinnern Sie sich daran, dass das in Ihr Leben kommt, woran auch immer Sie glauben.

- Der zweite Tipp ist, kreativ zu visualisieren. Stellen Sie sich vor, das, wofür Sie beten oder worum Sie bitten, ist bereits geschehen. Sehen, hören und fühlen Sie jede Empfindung, die Ihnen das bestmögliche Ergebnis bringt. Das wird dafür sorgen, dass das Gesetz der Anziehung zu Ihren Gunsten arbeitet und dass das bestmögliche Ergebnis geliefert wird.

- Der dritte Tipp lautet, stets Dankbarkeit zu zeigen. Seien Sie für alles in Ihrem Leben dankbar. Danken Sie dem Universum und den Engeln immer für alles, was Sie bekommen haben. Sich seines Segens bewusst zu werden, schafft den Raum dafür, dass noch mehr ihrer Erwartungen erfüllt werden können.

6
Wir alle können mit Engeln reden

Ich glaube, dass wir alle die Fähigkeit haben, mit Engeln zu kommunizieren. Jeder von uns wurde mit spirituellen und intuitiven Eigenschaften geboren und mit Ausbildung und Meditation können wir alle lernen, unsere Engel zu sehen. Ich möchte mir einen Moment die Zeit nehmen, um Ihnen ein paar wunderbare Geschichten von Menschen zu erzählen, mit denen ich gearbeitet habe und die das für sich selbst entdeckt haben.

An einem Abend war ich in einem Haus in einem Ort, der ganz in der Nähe von meinem Wohnort war. Ich war eingeladen worden, für eine Gruppe von drei Freundinnen eine Sitzung abzuhalten. Die Sitzung verlief gut, aber mir fiel auf, dass eine Frau viel verzweifelter war, die Geister ihrer Familie zu sehen, als die anderen, die an diesem Abend dabei waren.

Ich wusste, dass diese Frau, Kate, jeden Tag mit Engeln sprach – meine Engel hatten mir das erzählt. Sie hatte ihre Engel gebeten, näher zu kommen und sich ihr zu zeigen, aber nichts war geschehen. Sie wollte auch verzweifelt den Geist ihrer Mutter sehen. Nun verlor sie alle Hoffnung und fragte sich, ob es überhaupt einen Himmel gäbe.

Meine Engel erzählten mir: „Wir freuen uns über Kates Enthusiasmus, aber ihre Ungeduld verursacht ihre Probleme."

In meinem Kopf konnte ich Kate sehen, wie sie auf Händen und Knien betete. Immer wieder sagte sie: „Mutti, bitte zeige dich mir, ich möchte selbst sehen, dass mit dir alles in Ordnung ist."

Ich erzählte das wiederum Kate – was schließlich ein Beweis

für die Existenz der Engel war, denn woher sonst hätte ich davon wissen sollen? Sie wurde sehr weinerlich. Ihre Situation wurde von Angst getrübt – sie fürchtete, Ihre Lieben nie wiederzusehen, was sich auf die Verbindung auswirkte.

Um ein Zeichen oder um Hilfe zu bitten, bringt Sie nicht weiter. Sie müssen die Hilfe erwarten, das Zeichen erwarten. Wenn Sie offen und aufnahmebereit sind, werden Sie eher gesegnet sein. Sich nach etwas zu sehnen ist nicht aufnahmebereit sein, denn es ist mit Angst besetzt. Schließlich sagen Sie eigentlich, dass Sie nicht glauben, ein Zeichen zu bekommen, und dass Sie daran zweifeln. Wie ich bereits an früherer Stelle ausgeführt habe, ist Angst etwas, was Engel nur schwerlich durchdringen können, denn wenn Sie Angst haben, dann verschließen Sie sich und Ihren Geist.

Ich ging mit Kate einen Schritt weiter und zeigte ihr eine bestimmte Technik zur Visualisierung, um ihre Schwingung zu erhöhen. Weil Engel auf einer höheren Ebene als wir schwingen, ist der einfachste Weg, mit ihnen Verbindung aufzunehmen, durch Visualisierung unsere Schwingung zu erhöhen. Engel sind Lichtwesen und wir müssen uns daran erinnern, dass wir das auch sind. Wenn wir uns selbst von Kopf bis Fuß in Licht getaucht sehen, verbinden wir uns mit dem Licht im Himmel, was uns wiederum erlaubt, uns auf einer persönlicheren Ebene mit den Engeln zu verbinden.

Ich besprach das alles mit Kate und wies sie an, ihren Lieben und den Engeln zu sagen: „Ich bin das Licht, ihr seid das Licht, wir sind das Licht." Das hilft uns, uns daran zu erinnern, dass wir alle miteinander verbunden sind.

Nachdem ich Kate dahingehend instruiert hatte, schloss sie ihre Augen, hieß sie ihre Engel im Geiste willkommen und sah sie dann zum ersten Mal. Sie zeigten ihr, in ihrer Vorstellung, den Geist ihrer Mutter, wie er zwischen den beiden Engeln vor ihr stand. Sie hatte immer mit offenen Augen nach ihr gesucht, während sie in Wirklichkeit in sich selbst suchen musste.

„Jetzt verstehe ich!", sagte sie mir unter Tränen. „Ich habe nicht richtig gesucht, stimmt's?"

Kates Worte zeigten mir, wie ich anderen dabei helfen kann, die gleiche Ebene der Verbindung zu erreichen, und ich fand es sehr einfach, mit diesem Ansatz andere Menschen zu unterrichten.

Die eigenen Engel sehen

Sie, lieber Leser, haben jetzt Engel neben sich stehen. Sie können herausfinden, wie sie aussehen und wie sie heißen, indem Sie sie kreativ visualisieren. Lesen Sie einfach diese Fragen und Sie werden feststellen, dass Ihnen die Antworten durch den Kopf schießen:

- Sind Ihre Engel männlich oder weiblich oder sind sie geschlechtslos?

- Was glauben Sie, wie groß Ihre Engel sind?

- Umgibt sie ein farbiges Licht?

- Sind Ihre Engel groß?

- Haben sie etwas an?

- Glauben Sie, dass sie Flügel haben?

- Wenn ja, wie sehen sie aus?

- Welche Hautfarbe haben sie?

- Welche Augenfarbe haben sie?

- Wie stellen Sie sich die Stimmen Ihrer Engel vor?

- Wie lautet der erste Name, der Ihnen einfällt, wenn Sie an Ihre Engel denken?

Beachten Sie diese Details, denn Ihre Engel möchten, dass Sie wissen und fühlen, wer sie sind, damit sie Ihre Verbindung zu ihnen stärken können.

Indem Sie die Bilder von ihnen immer wieder in Ihrem Geist entstehen lassen und ihre Namen in Ihren Gebeten nennen, werden Sie Ihre liebevolle Energie in Ihr Leben bringen.

***

Als ich noch am Flughafen Glasgow gearbeitet habe, wurde ich eines Tages in der Pause von einem jungen Mädchen namens Nicola angesprochen. Ich kannte sie kaum, aber ich plaudere mit jedem und konnte spüren, dass etwas mit ihr nicht stimmte. Daher fragte ich sie, was los sei.

Nicola war ein wenig zurückhaltend, daher bot ich ihr an, ein paar Engelkarten für ihren weiteren Tag zu ziehen (jeder wusste von mir und meinen Engelkarten!). Als ich sie auslegte und sie ihre Energie in sie setzte, konnte ich sehen, wie Engel in den Raum kamen, fühlte, wie sich die Energie in meinem Solarplexus-Chakra veränderte und sah wunderschönes Licht herumwirbeln. Dann sagte ein Engel, der Nicolas Schutzengel zu sein schien, dass es ein Problem zwischen Nicola und ihrem Freund Brian gebe. Schutzengel erscheinen nicht immer sehr detailliert, aber dieser war umringt von grünem Licht, das die Farbe der Heilung ist. Er war groß, hatte leuchtend blaue Augen und menschliche Züge, aber sein Körper schien in seinen grünen Gewändern ätherisch zu sein.

Er erzählte mir, dass Nicola und Brian unterschiedliche Lebensziele hätten, dass sie beide sehr leidenschaftlich seien und dass sie wenig miteinander kommunizierten. Nicola bestätigte das alles.

Die Engel wollten Nicola dabei helfen, ihre gefühlvolle Seite auszuleben, da sie alles zurückhielt. Ich spürte, dass es wichtig war, ihr zu sagen, dass die Engel nicht den Eindruck hatten, dass diese Beziehung auf lange Sicht für sie das Richtige sei und dass sie nach anderen Möglichkeiten Ausschau halten solle.

Nicola biss sich auf die Zunge. Sie war eindeutig unglücklich und spürte, dass diese Beziehung ihr nichts brachte. Doch gleichzeitig hatte sie Angst vor der Veränderung und wollte die Beziehung nicht beenden, weil sie nicht wusste, was danach kommen würde.

Ich sagte ihr: „Du hast die Wahl, entweder so weiterzumachen wie bisher oder eine Veränderung herbeizuführen und loszulassen."

Die Engel sagten, sie seien immer für Nicola da, um mit ihr zu reden, aber sie hatte das bislang in der Vergangenheit nicht getan, von der Tatsache einmal abgesehen, dass es eine Dame gab, die mit ihr sprechen wollte.

Diese Frau fühlte sich wie eine Großmutter an und wie jemand, der Nicola als Kind großgezogen hatte. Nicola bestätigte, dass sie von ihrer Großmutter erzogen worden war. Die alte Dame zeigte mir ein Bild von sich, wie sie Curry mit Minze kochte (die ich riechen und schmecken konnte), was sich vielleicht trivial anmutet, aber sich als eine von Nicolas liebsten Erinnerungen herausstellte.

Nicolas Oma sagte, dass es ihr so leid tue, dass sie sich niemals voneinander verabschieden konnten. Das war so ein intensiver Moment! Sie gab zudem ihrer Enkelin einen Rat in Bezug auf ihre derzeitige Beziehung und Nicola musste weinen. Ihre Großmutter sagte, dass sie keine Angst davor haben solle, allein zu sein und dass sie sich niemals von irgendjemand irgendetwas gefallen lassen solle. Sie sagte Nicola ebenfalls, dass sie immer für sie da sein werde und dass die Kommunikation zwischen ihnen für immer bestehen werde.

„Deine Oma ist immer an deiner Seite, Nicola", sagte ich, „alles, was du tun musst, ist, mit ihr im Geist zu sprechen, dann wird sie dir zuhören."

Nicola sagte, dass sie immer an ihre Großmutter denken würde, aber dass sie niemals daran gedacht hätte, sie um Hilfe zu bitten. Nun würde sie das häufig tun. Ich leitete sie in dieser Fertigkeit an.

Innerhalb weniger Wochen kommunizierte Nicola regelmäßig mit ihrer Großmutter und ihren Engeln. Es gab mehr Streit zwischen ihr und ihrem Freund und schließlich, nach einem Riesenkrach, entschieden sie, diese Beziehung zu beenden. Während dieser Übergangszeit verankerte sich in Nicola der Glaube daran, dass die Engel ihr helfen. Wenn Sie diese Überzeugung haben, dann tun sie das auch wirklich!

***

Wenn wir lernen, mit Engeln zu reden, passieren wundersame Dinge, aber es gibt einige Geschichten, die mich noch tiefer berühren als andere. Ich erinnere mich an einen Winter vor Jahren, es war kurz vor Weihnachten, und die meisten meiner Klienten hatten ihre Termine wegen des Schnees abgesagt. Nichtsdestotrotz gab es einige, die dennoch anreisen konnten. Also ging ich zu dem Laden, wo ich meine Sitzungen abhalte. Es ist ein altes Gebäude und hat keine Zentralheizung, nur ein paar Radiatoren zum Einstöpseln. Sie können sich also vorstellen, wie kalt es war.

Eine Frau namens Irene hatte sich angemeldet. Sie war in den Fünfzigern, mit hellem, blondgesträhntem Haar. Als sie hereinkam, konnte ich gar nicht anders, als ihre riesige Aura zu bemerken, die pinkfarben war mit goldenen Funkeln. Wegen dieser goldenen Farben in ihrer Aura, die sich in ihrem Haar widerspiegelten, war mir klar, dass sie bereits spirituell gearbeitet hatte.

Irene war sehr offen, aber ich wollte erst meine Arbeit machen, bevor sie irgendetwas bestätigte. In ihrer pinkfarbenen Aura sah ich Engel, die sie umgaben. Mir wurde gesagt, dass sie sich in einer Übergangsphase befinde und dass eine große Last auf ihren Schultern liege. Ich erinnere mich an pinkfarbene Energieschübe, die aus ihrem Herzen kamen. Ein goldener und ein rosafarbener Engel standen hinter ihr und hielten den oberen Teil ihrer Schultern. Ich sah nicht viele Einzelheiten, abgesehen von den durchscheinenden, hypnotisierenden Augen.

Die Engel erzählten mir: „Irene hat viele Fragen auf dem Herzen, insbesondere zu ihrer Familie und ihren Beziehungen. Bevor wir mit dieser Frau arbeiten, würden wir gerne Hallo sagen."

Ich erzählte das Irene und sie lächelte.

Ich sagte ihr: „Sie wollen die Selbstentwicklungsarbeit anerkennen, die Sie kürzlich begonnen haben. Sie hat Ihnen viel emotionalen Kummer gebracht, aber Sie fangen an, gesund zu werden."

Sie nickte und gab mir damit Recht.

Der Geist einer Frau besuchte uns dann in dem Raum und kündigte sich selbst als Margaret an. Irene war verwirrt und wusste nicht, wer sie war.

„Sag ihr, es ist die kleine Maggie", sagten die Engel.

Irene schnappte nach Luft und begann zu schluchzen. Sie sagte:

„Das habe ich nicht erwartet!"

Maggies Geist kam mit einem Gefühl, das mich innerlich überall wärmte. Ich spürte das wahre Gefühl von Liebe und Anerkennung.

„Maggie ist hier, um ihre Dankbarkeit Ihnen gegenüber für alles auszudrücken, was Ihre Familie für sie getan hat, bevor sie starb", sagten die Engel.

„Ich danke dir", antwortete Irene, von dieser Botschaft überwältigt.

Die Engel machten weiter und zeigten mir ein Bild von Irene in einem großen Bürogebäude, wo viele Menschen um sie herum waren. Sie kamen und gingen und es sah so aus, als würden sie von Irene geleitet. Man bekam einen Eindruck von ihren Führungsqualitäten.

Dann wurde mir ein Bild von ihr gezeigt, wie sie mit einem Mann auf einem Sofa saß, der ihr Partner zu sein schien. In dem Bild drehten sie sich fast voneinander weg, sie konnten sich nicht in die Augen sehen. Irene bestätigte, dass sie seit elf Jahren einen Partner habe, und dass sie sich nicht in die Augen schauen würden.

„Er kommuniziert einfach nicht", sagten Irenes Engel.

„Ich kann dem nur zustimmen", sagte Irene.

„Viele Veränderungen werden in Irenes Leben stattfinden und bis nächstes Jahr im Februar wird alles gut", sagten mir die Engel.

Plötzlich änderte sich die Energie während der Sitzung. Um Irene wurde es goldfarben und grün.

„Was passiert gerade?", fragte ich mental.

„Heilende Engel sind hier, um über Irenes Mutter zu sprechen", wurde mir gesagt.

Ich erzählte Irene davon, doch sie schien verwirrt zu sein. „Soweit ich weiß, ist meine Mutter bei guter Gesundheit", sagte sie.

„Zeigt und beschreibt mir ihre Situation", bat ich die Engel.

Wie aus dem Nichts heraus spürte ich plötzlich einen Druck auf meiner Brust, meine Atmung wurde eingeschränkt und mein Herz begann zu rasen. Ich bat sie, damit aufzuhören, und es hörte auf. Dann sah ich ein Kreuzfahrtschiff in meinem Kopf.

„Ist Ihre Mutter auf einer Kreuzfahrt oder so?", fragte ich Irene.

„Das wollte sie eigentlich", antwortete sie, „doch stattdessen ist sie mit meinem Vater nach Lanzarote geflogen."

„Die Engel zeigten mir einen Druck auf ihrer Brust, daher werde ich sie zu ihr schicken, damit sie sie heilen", fuhr ich fort. „Könnten Sie bitte in Zukunft darauf achten?"

Ich dankte den Engeln für ihre Heilung und die Informationen und fuhr mit der Sitzung fort. Irene fragte mich nach ihren drei Enkeln. Sie wollte sich über deren Gesundheitszustand absichern.

Sofort hörte ich, wie eine Stimme sagte: „Er ist kein Autist!"

Ich übermittelte das Irene und sie sagte, dass dies Sinn ergebe. Ich erklärte ihr, dass ich keine Diagnosen stellen und auch nicht über Dinge medizinischer Natur sprechen könne, aber dass ich den Eindruck hätte, die Botschaft sei für sie.

„Es geht um meinen Enkel Rhys", begann sie. „Er ist drei Jahre alt und hat noch nicht laut mit uns gesprochen, obwohl er in vielen anderen Dingen sehr talentiert ist."

Der Engel, der neben Irene stand, sagte: „Dieses Kind ist ein Kristallkind und ist mit besonderen Fähigkeiten auf diese Erde gekommen. Es ist wichtig, dass dieses Kind nicht in die Schubladen eurer Welt gesteckt wird. Dieses Kind wird bald sprechen. Er wartet nur auf den richtigen Moment. Er ist mehr als nur fähig. Es ist wichtig, auch seinen Bruder zu erwähnen. Er ist auch etwas Besonderes, aber er spiegelt die Persönlichkeit seines Bruders."

Irene bestätigte, dass ihr jüngster Engel seinem Bruder nacheiferte, indem er nicht sprach. Was die Engel erzählten, war für sie eine enorme Erleichterung.

„Gibt es etwas über meinen Enkel Marc?", fragte sie.

Als ich mich in seine Energie schwang, sah ich mich selbst in einem Rollstuhl und fühlte mich eingeschränkt. Der kleine Junge hatte eine Zerebralparese. Mein Herz floss vor Liebe zu dieser Familie über.

Die Engel sagten: „Hab keine Angst, seine Stimme wird gehört."

Ich leitete alles an Irene weiter und sie verließ mich mit positiven Gebeten zum Ausprobieren und mit Engeln, mit denen sie arbeiten wollte. Dazu hatte sie die Gewissheit, dass jemand über sie wachte.

Die Sitzung war für uns beide emotional anstrengend gewesen und beinhaltete eine Menge an Informationen.

Ich finde oft heraus, was im Leben der Menschen vorgeht, für die ich Sitzungen abhalte, denn sie sind so erstaunt darüber, dass die Engel die Dinge richtig sehen, dass sie mich das wissen lassen. Aber was bei Irene passierte, haute mich um. Ein paar Monate später bekam ich von ihr diese Botschaft:

„Ich hatte gerade das Gefühl, ich müsste Sie in Bezug auf unsere Sitzung auf den neuesten Stand bringen. Während der Sitzung teilten Sie mir mit, dass meine Mutter irgendwo im Warmen wäre und Brustschmerzen hätte. Sie sagten, dass Sie ihr Heilung schicken, für die ich mich bedankt habe. Ich sprach mit ihr, während sie auf Lanzarote in der Sonne saß, aber ein paar Tage später erzählte sie mir, dass sie heftige Schmerzen in der Brust hatte.

Sie wollte es als Folge von überreichlichem Essen und Alkoholgenuss in ihren Ferien herunterspielen, ging aber zu einer Apotheke vor Ort und kaufte einen Hustensirup, denn sie hatte den Eindruck, sie bekäme eine Lungenentzündung oder eine Erkältung. Ihre Ferien verliefen wunderbar und als sie wieder zu Hause war, ging sie zu ihrem Arzt und ließ sich durchchecken. Sie war zehn Jahre zuvor wegen einer Angina pectoris behandelt worden und hatte den Eindruck, dass die Schmerzen ein Abklatsch derer von damals waren, aber sie hielten an. Sie hatte schon seit einem Jahrzehnt keine

Medikamente mehr für ihr Herz genommen, aber ihre Sorgen waren berechtigt, denn sie wurde ins Krankenhaus gebracht, wo man ihr bestätigte, dass sie in ihrem Urlaub tatsächlich einen Herzinfarkt erlitten hatte!

Ich bin geschockt, fassungslos und sehr emotional, aber sie ist vollkommen ruhig. Die Ärzte haben ihr Medikamente gegeben und sie muss abnehmen.

Meine Mutter hatte niemals eine spirituelle Sitzung oder war niemals bei einer Veranstaltung dieser Art, aber als sie heute anrief, um mir die Ergebnisse des Krankenhauses mitzuteilen, war sie sehr an Ihnen interessiert und an der Tatsache, dass Sie etwas über ihre Herzprobleme wussten. Wir möchten Ihnen beiden für Ihre heilenden Gedanken danken, denn sie ist überzeugt davon, dass sie geholfen haben, denn die Dinge hätten sonst viel schlimmer ausgehen können."

Das ist die Art von Rückmeldung, die alles andere wettmacht, aber Irene schrieb noch mehr:

"Rhys wurde 18 Monate lang beobachtet und sie diagnostizierten im Sommer Autismus bei ihm. Ich war am Boden zerstört, denn ich wollte nicht, dass er so bezeichnet wird. Der kleine Marc hat Zerebralparese. Er hatte so viele Probleme bei der Geburt, dass sie schon die lebensverlängernden Maßnahmen abschalten wollten. Er hatte massive Blutungen an jeder Seite seines Gehirns und man erwartete, dass er nur noch vor sich hin vegetieren würde. Er kann sich trotzdem ausreichend verständlich machen, um zu bekommen, was er will, und um sich auszudrücken. Er ist blitzgescheit, kennt jeden, wirft Küsschen in die Luft und ist ein freches, kleines Äffchen geworden. Sie haben den Nagel auf den Kopf getroffen, als sie sagten, dass seine Stimme gehört werden würde. Ich habe sehr viel Trost daraus gezogen."

Irene und ihre Familie sind ganz besondere Menschen und ich wusste, dass die Engel für sie da sind. Ich habe noch immer Kontakt zu Irene und sie geht mit ihrer Spiritualität auf die nächste

Ebene. Sie ist nun ein Mitglied der Shambhala Gruppe und kam kürzlich zu einigen Engelworkshops. Alle in ihrer Familie schienen derzeit bei guter Gesundheit zu sein.

Diese Sitzung brachte auch das Thema der Kristallkinder auf, über das sich manche Leser vielleicht wundern. Es wird oft gesagt, dass Kristallkinder eine neue Generation von Kindern ist, die aus vielerlei Gründen auf die Erde gekommen sind. Sie werden im Allgemeinen in Familien geboren, die sie lieben und ihnen Sicherheit geben und auf alle ihre Bedürfnisse achten. Von ihnen wird gesagt, dass sie anders behandelt werden müssen als Kinder, die wir als „normal" bezeichnen, aber sie können auf eine Art intelligent sein, die wir nicht verstehen. Es sind sensitive Wesen, die sehr gefühlvoll und sehr spirituell sein können. Sie sind die zukünftige Generation der Medien, Spiritualisten und Heiler und Irene hat Glück, einen solchen kleinen Jungen in ihrer Familie zu haben. Die Engel hatten sicher einen guten Grund gehabt, ihn ausgerechnet dort hinzubringen.

Alles für das höchste Gut

Ich werde oft gefragt, ob es in Ordnung ist, für andere zu beten oder Engel an Verwandte in Not zu schicken, so wie ich es bei Irenes Mutter getan habe. Es gibt nur eine einzige Antwort darauf – ja! Es ist absolut in Ordnung, das zu tun.

Die Leute sagen oft: „Was ist, wenn jemand nichts von dieser Hilfe weiß oder aufgrund seiner Lage darauf nicht reagieren kann?" Das ist in der Tat eine relevante Frage. Das ist der Moment, in dem „alles für das höchste Gut" zur Anwendung kommt.

„Alles für das höchste Gut" bedeutet, wenn die Heilung oder die Auflösung einer Situation für die Entwicklung einer Seele wirklich erforderlich ist, dann kann sie das Universum oder die Engel wirklich vollbringen. Es bedeutet, dass selbst wenn eine Person nicht weiß, wie sie um Hilfe bitten soll, sie von den unsichtbaren Kräften, die sie umgeben, unterstützt werden kann.

Dieser Satz knüpft an das universelle Gesetz der Gnade an. Dieses erstaunliche Gesetz lehrt uns, dass wenn wir andere mit

Liebe und Barmherzigkeit segnen, wir diese auch in unserem eigenen Leben erhalten. Indem wir mit dem Gesetz der Gnade oder für das höchste Gut arbeiten, hilft uns das ebenso, die dunklen Zeiten aus unserem Leben zu verbannen, denn es schafft Raum für Segnungen und positive Energie. Jedes Mal, wenn Sie an eine andere Person denken und Licht in ihr Leben schicken, wird das Gesetz der Gnade dafür sorgen, dass dieses Licht auch in Ihr Leben tritt.

Ich glaube, dass Gebete für andere gut sein können, aber denken Sie daran: Viele Menschen hoffen nur, dass Gott ihren Lieben hilft oder sie heilt, egal, ob es für das höchste Gut ist oder nicht. Es wurde gesagt, dass, wenn wir am Ende eines Gebetes nicht „alles für das höchste Gut" sagen, könnten wir unerwünschtes Karma ermutigen, in unser Leben zu kommen.

Hier sind einige gute Wege, sich selbst und anderen zu helfen – versuchen Sie es mit diesen Sätzen:

- „Danke, Engel, dafür, dass ihr mich und meine Situation heilend umgebt, alles für das höchste Gut."
- „Danke, Engel, dafür, dass ihr [Name einsetzen] und ihre Situation heilt, alles für das höchste Gut."
- „Danke, Engel, dafür, dass ihr Licht in die Situation von [Name einsetzen] im Sinne des Gesetzes der Gnade bringt."

Wenn Sie Ihre Gebete in diesen Worten aussprechen, wird sichergestellt, dass die Antwort auf einem direkteren Weg erfolgt. Versuchen Sie es!

7
Finden Sie den Sinn Ihres Lebens

Es gab viele Gelegenheiten in meinem Leben, in denen ich die Arbeit der Engel für das höchste Gut der Menschen beobachten durfte. Wenn etwas den Menschen in ihrem Lebenszweck hilft oder in gewisser Weise auch dem Universum, dann ist es wahrscheinlicher, dass sie an Bord kommen, um zu helfen.

Es gibt viele Menschen, die unerfüllt sind wegen ihrer Entscheidungen, was sie im Leben tun oder wo sie im Leben stehen wollen. Und sie haben das Gefühl, dass sie ihre wahre Bestimmung nicht erreicht haben. Wenn sie näher an ihre Engel heranrücken und sich der Möglichkeiten bewusst werden, die sie bieten, dann werden sie intuitiv einen Schritt weitergehen auf ihrem Weg, diese Bestimmung zu finden. Ich selbst bin ein Beispiel dafür, aber auch viele der Menschen, für die ich Sitzungen abgehalten und denen ich geholfen habe, und einigen werden sie begegnen, wenn wir diese Reise zusammen machen.

Eines Sommers kam Iain zu einer Sitzung zu mir und ich fühlte sofort, dass das gut gehen würde. Er hatte zwei Engel an seiner Seite, als ich ihm die Tür öffnete! Der eine Engel war in blauen Farben gekleidet, er war groß, kräftig und stand an Iains linker Seite. Der andere trug rote Gewänder und hatte eine rote Aura. Die rote Aura des Engels half Iain dabei, geerdet zu bleiben und sich mehr auf die körperlichen Dinge des Lebens zu konzentrieren, während der blaue Engel dazu da war, ihm bei seiner Verbindung zu anderen Menschen zu helfen. Dieser Engel erzählte mir, dass Iain ein wirklich geselliger Mensch war und dass er Führungsqualitäten hatte. Die Menschen vertrauten ihm ganz selbstverständlich und folgten seinen Anweisungen. Der Engel erklärte, dass Iain selbständig war. Obwohl er spirituell gesinnt war, arbeitete er in einem sehr praktischen Bereich als Buchhalter seiner eigenen Firma. Iain bestätigte das alles.

Der Engel sagte dann, dass Iain ein natürlicher Heiler war und eine Reiki-Ausbildung hatte. Wieder bestätigte Iain, dass alles richtig war, was ich ihm übermittelte. Trotzdem sagten die Engel, dass er Schwierigkeiten damit hatte, so spirituell zu sein, während er in einem geschäftlichen Umfeld arbeitete. Er versuche verzweifelt, seine persönliche Entwicklung zu fördern, während er weiterhin für einen stabilen Hintergrund für seine Familie sorgen wolle. Mir wurde erzählt, dass er zwei kleine Jungs hatte und eine Tochter unterwegs war, dass seine Frau sehr fleißig war und ihren eigenen Bereich und ihre Freiheit brauchte, besonders während der Schwangerschaft, die sich als schwierig erwies. Als ich seine Frau sah, begann ich meine Augen zu reiben und das Bild verschwand. Zunächst war ich mir nicht sicher, was das bedeuten sollte und fragte: „Muss Ihre Frau sich die Augen untersuchen lassen?", bevor bei mir der Groschen fiel und ich wusste, dass sie Optikerin war!

Die Engel wollten, dass ich Iain ermutige zu meditieren, so dass sie sich täglich mit ihm verbinden können. Dann sagten sie, da sei ein Mann namens David, der aus der Geistwelt kommen wolle. David wollte Iain mitteilen, wie stolz er auf ihn sei und dass er ihn und seine Familie immer beobachte. Es war Iains Großvater, der an Krebs gestorben war.

Das alles ermutigte Iain, mit seinen Engeln nunmehr täglich zu sprechen, und er arbeitet jetzt im Musikmanagement, wo es ihm schließlich leichter fällt, sich auf seine persönliche Entwicklung zu konzentrieren. Weil er sich auf seine spirituellen Bedürfnisse konzentrierte, konnten ihm die Engel direkt helfen.

***

Bei der 23-jährigen Stephanie traf ich auf jemanden, der sehr ruhig war und wenig von sich zeigte. Als sie sich setzte, spürte ich viel Wärme, die von ihren Engeln kam, als wollten sie, dass Stephanie sich so in Bezug auf sich selbst fühlte.

Als ihre Engel hereinkamen, konnte ich sehen, dass Stephanie von Kindheit an mit dem Thema Vertrauen konfrontiert wurde. Sie wurde in der Schule gemobbt und die Engel wollten den Schmerz darüber heilen. Wir beide, Stephanie und ich, baten die Engel, die Fesseln zu lösen, die sie an diese Verletzungen banden – sie trug noch immer die Ängste mit sich, nicht akzeptiert zu werden, und Ängste hatten ihr Leben bestimmt. Das war nach Ansicht der Engel der Grund, warum sie sich niemals auf Freunde oder Liebhaber einließ.

Als die Engel sie mit ihrem goldenen Licht bedeckten, fühlte Stephanie, wie eine riesige Last von ihren Schultern fiel und ihre Gefühle freigesetzt wurden, während sie hemmungslos weinte. In dieser Zeit stand einer der Engel, ein helles, goldenes Wesen, an ihrer Seite und hielt die Uniform einer Krankenschwester. Ich erzählte Stephanie davon, die sagte, sie wollte Krankenschwester werden, sie habe aber niemals geglaubt, dass sie das schaffen würde, daher hätte sie ihre Engel gefragt, ob sie ihr bei der Erfüllung dieses Traums helfen könnten. Ich versprach ihr, dass die Engel sie niemals dazu ermutigen würden, diesen Weg zu gehen, wenn sie nicht fest daran glaubten, dass sie das auch könnte.

Stephanie verwirklichte daraufhin ihre Träume und meldete sich später wieder bei mir, um mir zu sagen, dass sie auf einer Schwesternschule war.

***

An einem Tag, ich betreute gerade einen Übungskurs in „Spiritueller und Intuitiver Entwicklung", traf ich eine Frau namens Eve. Sie sagte mir, dass sie das Gefühl hatte, in meinen Kurs kommen zu müssen, nachdem sie vorher eine Sitzung bei mir genommen hatte, bei der sie sehr erstaunt über die Verbindung war, die ich zu den Engeln hatte.

An diesem Tag stellte sich jeder sehr gut dabei an, sich mit seinen Leitengeln zu verbinden und etwas an neuen Fertigkeiten zu lernen – nur Eve nicht. Sie war nur in Stress geraten und darüber verärgert, dass sie nicht imstande war, etwas Spirituelles zu lernen. Ich konnte Engel um sie herum sehen und versicherte ihr, dass nur weil sie sich nicht mit ihnen verbinden konnte, dies nicht heißen sollte, dass sie nicht da wären oder sie sie niemals spüren würde. Eigentlich glaubte ich, dass großer Schlafmangel der Grund dafür war, dass sie sich nicht mit ihnen verbinden konnte. Zu diesem Zeitpunkt war sie schwanger, fühlte sich unwohl und war auch sehr aufgedunsen, was es ihr schwer machte, zur Ruhe zu kommen. Ich zeigte ihr einige Techniken, die sie zu Hause anwenden konnte und die besonders hilfreich sein würden, wenn das Baby erst einmal geboren wäre.

Eve legte ihr spirituelles Leben für eine Weile auf die Seite, kam aber kürzlich wieder auf mich zu und erzählte mir, dass ihr die Engel Heilung brachten, nachdem sie sich wieder ihrer spirituellen Verbindung zugewandt hatte und dabei meine Techniken nutzte.

„Ich sah weißen Rauch herumwirbeln, während ich meditierte. Sie waren alle in der Gestalt von Blumen um mich herum. Dann verwandelte sich mein blaues Schlafzimmer vor meinen Augen in helles Gold. Es war beruhigend und elektrisierend zugleich und so real, dass ich es mir nicht einfach eingebildet haben konnte. Meine Augen waren die ganze Zeit offen und schließlich wurde mir klar, dass ich all diese frustrierenden Jahre lang nicht in der Lage war, auf die richtige Weise mit meinen Engeln zu sprechen oder ihnen die richtigen Fragen zu stellen."

Eves Erfahrung ist bei vielen Menschen durchaus üblich, und ich genieße nichts mehr, als diesen Menschen den besten Weg zu zeigen, diese lebenswichtigen Verbindungen für ihr eigenes höchstes Gut einzugehen. Einer der denkwürdigsten Fälle war der, bei dem ich eine Sitzung für eine junge Frau namens Lauren abhielt.

Lauren war ein absolut atemberaubend aussehendes Mädchen. Sie war blond, groß und zuversichtlich, aber sie suchte eine Richtung in ihrem Leben und in der Liebe und sie wollte wissen, was sie tun musste, um Erfolg zu haben.

Bei ihrer Ankunft war Lauren sehr offen und sie hatte ein fröhliches, freundliches Gesicht. Sie war von Natur aus warmherzig und es umgab sie ein wunderschönes Leuchten. Ihre Aura war hellblau. Das gibt einen Hinweis darauf, dass jemand sehr gesellig ist, also gut kommunizieren kann und kontaktfreudig ist. Blau repräsentiert das Chakra des Halses, das unser kreatives und unser Kommunikationszentrum ist. Jedoch kam ich nicht umhin, um Lauren auch eine gelbe und pinkfarbene Energie zu bemerken. Gelb ist die Farbe der Logik und sie zeigt, dass jemand organisiert, gut vorbereitet ist und oft auch zu analytisch denkt. Pink liebt Spaß und zeigt eine wahrhaft gebende Person – es ist die Farbe der Liebe.

Ich lud bewusst die Engel in den Raum ein und sagte: „Gibt es etwas, was wir heute mit Lauren zu besprechen haben?"

Innerhalb von Sekunden wurde die Energie um uns herum aufgeregter. Ich spürte, dass dies eine witzige Sitzung werden würde, vielleicht sogar ein wenig respektlos!

Für den Anfang sprach ich über Laurens lebhafte Aura. „Lebhaft" war eine Untertreibung – sie liebte es, auf Partys und in Clubs zu gehen, und ihre Engel zeigten mir sogar die Insel Ibiza.

Als ich das sagte, kreischte sie: „Oh mein Gott! Ich habe erst gestern einen Urlaub auf Ibiza gebucht!"

Die Engel wollten, dass Lauren Spaß hat und ihre Zeit genießt, denn sie sagten, darin „findet sie ihren Lebenszweck".

Ich wollte mehr darüber herausfinden, daher fragte ich sie: „Was ist ihr Lebenszweck?"

Ich sah sofort die Waagschalen der Gerichtsbarkeit.

„So", begann ich, „Sie sind eine Rechtsanwältin, die Partys mag? Wie cool ist das denn?!"

Lauren fing an zu lachen und ich stimmte mit ein.

„Wissen Sie", kicherte sie, „ich habe schon gehört, dass Sie gut sein sollen, aber das habe ich nicht erwartet. Ja, ich bin eine Rechtsanwältin. Ich habe gerade mein Probejahr in einer Anwaltsfirma beendet und ich liebe es."

Die Engel kamen zurück und sagten: „Kyle, der Grund, warum wir dir heute Lauren gebracht haben, ist, dass selbst wenn sie ihren

Lebenszweck gefunden hat, sie auch Liebe braucht. Wir wollen ihr versichern, dass sich jetzt alles wendet."

Ich leitete diese Botschaft wortwörtlich an sie weiter und sie lachte erneut auf. „Perfekt!", jubelte sie. „Genau das, was ich brauchte!"

Die Engel waren noch nicht am Ende: „Sag ihr, dass wir wissen, dass Jay sie besuchen wird."

Als sie das sagten, entstand in meinem Kopf das Bild eines Jungen und eines Mädchens, die sich an den Händen hielten. „Sie müssen diesen Mann seit Ihrer Kindheit kennen", erzählte ich Lauren. Dann sah ich sie in meinem Kopf, wie sie auf ihr Handy sah und verkündete sofort: „Ja, die Engel wissen auch, dass er anzügliche Texte simst!" Dann spürte ich, wie ich ein Auto mit hoher Geschwindigkeit fuhr. „Er ist nicht etwa ein Rennfahrer, oder?", fragte ich.

„Sie machen Witze!", keuchte Lauren. „Er fährt Formel 1!"

Die Sitzung begann richtig aufregend zu werden. Eigentlich hatte ich den Eindruck, als spielte ich eine Rolle in einer Teenager-Sitcom, bei all den Hormonen und dem Kichern, das um mich herumflog. Lauren war so aufgeregt, diesen Mann zu treffen, und wollte ihn tatsächlich nach der Sitzung vom Flughafen abholen, denn er lebte in der Nähe von London und kam sie besuchen.

Den Engeln machte es Spaß, mir von Lauren zu erzählen, und das ist der Punkt, auf den ich Ihre Aufmerksamkeit lenken möchte. So verrückt es auch klingt, unterstützen die Engel leidenschaftliche Liebesbeziehungen, denn sie bringen uns das Gefühl von Glück, Ausgeglichenheit und Akzeptanz. Wenn wir unsere Sexualität nicht ausleben, können unsere Karrieren scheitern, statt erfolgreich zu sein, und unser Leben gerät ins Wanken, denn alles ist mit unserem Leidenschaftszentrum in unserem Sakralchakra verbunden. Dieses Sakralchakra sitzt unterhalb des Nabels und ist unser Energiezentrum, das in Beziehung zu unseren Reproduktionsorganen und unseren Genitalien steht. Es ist unser Freudenzentrum und repräsentiert das Element Wasser. Wenn unsere Sexualität ausgeglichen ist und wir liebevolle Freuden erhalten, tendiert unser Leben dazu, leichter zu fließen.

Daher wollten die Engel, dass Lauren sich nicht ständig auf ihren Job konzentriert, obwohl ihr Lebenszweck definitiv der war, eine Rechtsanwältin zu sein. Sie wollten eigentlich, dass sie Leidenschaft für ihre Arbeit zeigt und daher ermutigten sie sie zur Leidenschaft auch in anderen Gebieten ihres Lebens. Ich zeigte ihr, wie sie die Beziehung mit Jay genießen und das Beste aus ihr herausholen könnte. Ich verstand, dass sie wegen der geographischen Entfernung besorgt war, doch ich glaubte, sie sollte sich so gut amüsieren, wie es nur ging. Es war keine Überraschung für mich, dass das Partygirl mir sagte, dass sie genau das machen wolle!

Als wir wieder auf ihre berufliche Seite zu sprechen kamen, konnte ich sehen, dass sie in einen Fall verwickelt war, in dem sie die beteiligten Jugendlichen verteidigen musste. Ich sagte ihr, dass sie sich zu solchen Fällen hingezogen fühlen würde und als ich das tat, schwirrte mir zufällig ein Name im Kopf herum.

„Caroline", sagte ich laut.

„Das ist der Name meiner Mentorin!", sagte Lauren. „Sie …"

„… war wie ein vollkommener Engel für Sie", beendete ich ihren Satz, bevor sie es tun konnte.

Lauren lachte und nickte. „Nagel auf den Kopf getroffen – wieder einmal."

Sie konnte nicht verstehen, wie ich an diese Informationen kommen konnte, aber sie räumte ein, dass sie gerne an Fällen arbeiten wollte, in denen junge Menschen betroffen waren, und sie war sehr aufgeregt bei diesem Gedanken.

Lauren wurde von ihren Engeln angeleitet, ihren Karriereplänen zu vertrauen und auf die Ratschläge ihrer Mentorin Caroline zu hören. Sie war auf dem richtigen Weg, sollte dabei aber nicht vergessen, dass sie noch jung und leidenschaftlich war, denn dies war auch eine Seite von ihr.

Seitdem habe ich Kontakt zu Lauren. Sie meldete sich nach ihrer Ibiza-Reise wieder bei mir. Sie hatte die Zeit dort sehr genossen, doch sie kam zurück, um mit stetig wachsendem Erfolg an ihrer Karriere zu arbeiten. Sie und Jay haben erkannt, dass sie nur in einer kurzfristigen Beziehung steckten, dass sie sich aber dennoch lohne. Lauren war auf dem richtigen Weg und hatte Spaß!

***

Ich wurde einmal von einer liebenswürdigen Frau aus der Nachbarschaft konsultiert, die nur etwas Hilfestellung auf ihrem Lebensweg brauchte. Yvette war eine wortgewandte Frau mit schulterlangen Locken. Sie trug ein türkisfarbenes Outfit und ein paar schöne Armbänder, die mich an die Stände erinnerten, die man sieht, wenn man im Urlaub Märkte besucht.

Ich wusste, dass sie Ärztin war, denn es kam sofort eine Verbindung mit ihren Engeln zustande. „Sie sind Allgemeinärztin", sagte ich, „aber sie sehen gar nicht wie eine aus. Sie sehen ein bisschen wie ein Bohemian aus, oder?"

Yvette lachte.

Ihre Engel waren ganz wild darauf, etwas mitzuteilen. „Wir haben eine stets wachsende Verbindung mit Yvette", erklärten sie. „Sag ihr bitte, dass wir sie hören können."

Ich tat es und Yvette war überglücklich.

Innerhalb von Sekunden konnte ich die Niagarafälle in meinem Kopf sehen. Das ist der Ort, den ich immer sehe, wenn ich zu meinem Klienten „Kanada" sagen muss. Ich habe eine Auswahl an Bildern in meinem Kopf, die mir in den Sinn kommen und die wie eine Art Kurzschrift für die Information stehen, die ich zu transportieren habe. Ich bat um mehr Informationen und erhielt: „Vor fünf Jahren."

„Sie waren vor fünf Jahren in Kanada", sagte ich.

Yvette bestätigte das und ich bat die Engel, mir mehr zu erzählen. Sie erklärten, dass Yvette die Zeit dort nicht gemocht hatte. Sie war jedoch ein versteckter Segen gewesen, denn ihre

Rückkehr half ihr dabei, ihre Leidenschaft für ihre Arbeit zu entdecken. Sie lebte jetzt nach ihrem Lebenssinn.

Als ich das weiterleitete, sagte Yvette, dass dies absolut Sinn ergebe. Nachdem sie ihre Siebensachen gepackt und sich nach Kanada aufgemacht hatte, um dort ein neues Leben zu beginnen, gefiel ihr der Lebensstil dort nicht so sehr, wie sie das vorher gedacht hatte. Daher entschied sie sich, wieder heimzukommen. Dann musste sie sich wieder um eine Arbeitsstelle bemühen. Als sie eine Stelle als praktische Ärztin gefunden hatte, stellte sie fest, dass sie Teil eines großartigen Teams war. Sie wusste dann, dass dies das Richtige für sie war.

Ich fand diese Sitzung faszinierend, vor allem, als ich Yvette gegenüber erwähnte, dass ich glaube, wir seien die Schöpfer unserer Arbeit und unserer Gesundheit. Yvette sagte mir, dass sie fest daran glaubt, dass solche Gedanken und Glaubenssätze unsere Gesundheit beeinflussen. Es gibt mir das Gefühl, dass wir noch viel Hoffnung haben dürfen, solange so offenherzige Ärzte wie sie unter uns sind.

Ihr Lebenszweck – und wie Sie ihn finden

Wir alle haben einen göttlichen Lebenszweck – wir alle haben eine Rolle, die wir auf dieser Erde spielen müssen. Egal, ob Sie Chef sind oder Flugbegleiterin, alles ist ein Lebenszweck.

Viele Menschen fragen mich, was ihr göttlicher Lebenszweck sei. Manchmal erhalte ich die Antworten und manchmal nicht. Viele Menschen denken, ihre Bestimmung wäre ihre Karriere, aber wahrscheinlicher geht sie Hand in Hand mit ihr, anstatt der ausschließliche Zweck zu sein. Menschen können beispielsweise von neun bis fünf Uhr einen normalen Job haben, aber einmal in der Woche freiwillig bei der Telefonseelsorge arbeiten und die Menschen unterstützen, die selbstmordgefährdet sind. Oder sie betreiben eine Selbsthilfegruppe für Menschen, die mit dem Trinken aufhören wollen, oder sie arbeiten ehrenamtlich für ein Obdachlosenheim. Nur, weil Sie eine Arbeit in einem ganz anderen Gebiet haben, bedeutet das nicht, dass Sie nicht ihren Lebenszweck gefunden haben.

Ich habe keinerlei Zweifel daran, dass die Engel Ihnen dabei helfen können, Ihren Lebenszweck zu finden. Wenn Sie sich für sie öffnen und ihre Botschaften annehmen, kann es sein, dass Sie glücklicher werden, als Sie jemals gedacht haben, und dass Sie den richtigen Weg gehen, selbst wenn Sie auf diesem Weg ein paar Mal in die Irre laufen.

Wenn es eine Sache gibt, über die Sie mehr als über alles andere nicht aufhören können nachzudenken, dann ist es sehr wahrscheinlich, dass Sie Ihre Engel dazu auffordern.

Um ihnen zu helfen, Ihren Lebenszweck zu finden, können Sie sagen: „Danke, ihr Engel, dass ihr mich zu meiner göttlichen Bestimmung im Leben leitet. Bitte inspiriert mich durch Unterhaltungen und Synchronizitäten, damit ich weiß, was für mich wirklich richtig ist."

Wenn Sie Ihre Engel um Hilfe bitten, denken Sie daran, Ihre Augen und Ohren für Antworten und Zeichen offenzuhalten. Sie werden kommen – Sie müssen nur überall danach suchen.

Und es gibt eine Bestimmung, von der ich glaube, dass wir sie alle haben: Wir sollten uns daran erinnern, dass es nur Liebe gibt. Wenn wir die Liebe teilen, egal, ob durch unsere Arbeit, mit unseren Familien oder durch unsere Hobbys, dann leben wir unser volles Potenzial aus. Das Einzige, das mit uns geht, wenn wir in den Himmel kommen, ist unsere Fähigkeit zu lieben. Und wenn wir das bereits auf der Erde entdeckt haben, dann haben wir unseren Lebenszweck gefunden.

8
Das Gefühl von Unschuld

Kinder sind normalerweise mehr mit der Energie von Engeln und Geistern in Einklang, denn sie haben diesbezüglich ein Gefühl der Unschuld. Sie wurden noch nicht darin unterrichtet, skeptisch zu sein oder Urteile abzugeben, daher sind ihre Wesen offen dafür, die wahre Liebe der Engel zu sehen.

Ich war einmal auf dem großen Medienevent einer nationalen Zeitung, als ich zwei Frauen traf, die beide ihre Töchter dabei hatten. Ich las ihre Auren und sprach mit ihren Engeln, und es zog mich regelrecht zu einem der beiden kleinen Mädchen.

„Es gibt viele Engel um dich herum, oder?", fragte ich. „Sie sagen mir, dass sie dabei geholfen haben, dich am Leben zu halten."

Die Mutter des Mädchens sah mich geschockt an und sagte, sie könne nicht glauben, dass ich so eine scharfsinnige und genaue Bemerkung gemacht hätte. Sie fragte mich, was ich noch sehen könne.

Ich antwortete: „Jetzt in diesem Moment steht ein riesiger Engel bei Ihrer Tochter. Sie wissen alle, dass sie die Herzen der Menschen erwärmen kann, und deshalb haben sie dafür gesorgt, dass sie auf dieser Ebene bleibt."

Wie ich so mit der Frau und dem Kind sprach, sagte mir der Engel: „Wir wollen sichergehen, dass ein Wesen wie dieses hierbleibt, damit sein Talent nicht vergeudet wird. Sie ist etwas ganz Besonderes."

Ich ging zurück zu dem kleinen Mädchen und versicherte ihr: „Du wirst einmal ganz erstaunliche Dinge auf dieser Welt tun."

An dieser Stelle kamen noch mehr Familienmitglieder des Mädchens herüber, um zu hören, was los war. Dabei wurde mir ihre Geschichte offenbart. Sie war mit einem schwachen Herzen geboren worden und hatte ihr ganzes Leben lang Schwierigkeiten, einschließlich dreier wichtiger, lebensrettender Operationen. Ich wusste von dem, was mir der Engel erzählte, dass die Dinge sehr riskant waren und dass die Engel viele Male interveniert hatten, um sicherzugehen, dass das Mädchen es schaffen würde, insbesondere beim letzten Mal. Die Engel zeigten mir, dass die kürzlich durchgeführte Operation schiefgegangen war. Das Mädchen starb und wurde während der Operation für tot erklärt. Die Ärzte hatten schon ein weißes Laken über sie gelegt, als sie plötzlich nach Luft schnappte und sich aufsetzte, noch immer an alle Monitore angeschlossen. Sie genas praktisch sofort und es gab keinerlei medizinische Erklärung dafür.

Als sie sich von dieser Nahtoderfahrung erholte, erzählte sie ihrer Familie, sie habe gespürt, wie sie aus ihrem Körper schwebte und auf die Chirurgen sah, die an ihr arbeiteten. Sie konnte hören, was sie sagen und hatte ebenfalls eine Ahnung davon, wie ihre Mutter auf ihr Ableben reagieren würde. Während sie sich diese Szene ansah, führte eine Stimme sie zurück in ihren Körper und sie wurde zurück ins Leben gebracht.

Nachdem ich das alles der Familie erzählt hatte, konnte ich ebenso bestätigen, dass der Engel, der mir das erzählt hatte, der gleiche war, der verantwortlich dafür gewesen ist, dass das Mädchen auf diese Ebene zurückkam. Dieser Engel stand jetzt an ihrer Seite, um sich zu vergewissern, dass sie in Sicherheit war und Licht in die Familie bringen konnte, die sie anbetete. Es war ein wunderschöner Moment und ich fühlte mich privilegiert, etwas dazu beigetragen zu haben.

***

Es gibt viele Beispiele für Engel, die auf Kinder aufpassen, aber ich spreche bei meiner Arbeit nicht oft direkt mit Kindern, hauptsächlich nicht aus praktischen Gründen: Sie schreiben mich nicht in der Zeitung an oder sind nicht in meinen Vorstellungen, weil sie aus Altersgründen keinen Zutritt haben. Zudem ist es nicht legal, Sitzungen mit Menschen unter 18 Jahren abzuhalten. Die einzigen Orte, an denen ich mit ihnen in Berührung komme, ist bei offenen Seminaren oder Veranstaltungen.

Vor kurzem fand eine solche Veranstaltung in Dundee statt, an der Ostküste von Schottland. Eine Frau sprach mich an. Sie hatte ein kleines Mädchen im Kinderwagen bei sich. Ich konnte eine wunderschöne pinkfarbene Aura mit Andeutungen von blau erkennen, was auf die Energie des Kindes hinwies. Ein Engel stand an der Seite des Kinderwagens und als die Frau „Hallo" sagte, erzählte ich ihr, dass sie ein sehr sensitives Kind habe, das bereits ein engelhaftes Wesen an seiner Seite habe.

Ich konnte sehen, dass das Mädchen sehr empfindsam auf Veränderungen in der Umwelt oder den Energien um sie herum war, und das sagte ich auch. Aber ich spürte ebenfalls, dass die Engel versuchten, dafür zu sorgen, dass es ihr gut ging.

Die Mutter antwortete: „Ist es das, was ihr fehlt? Sie scheint ein wenig merkwürdig zu sein."

Ich dachte bei mir, dass es merkwürdig wäre, das zu sagen. „Was fehlt?", fragte ich. „Es ist eine Gabe, die das Kind hat, sie weiß jedoch noch nicht, wie sie das kontrollieren soll", fügte ich hinzu. „Ich kann sehen, dass es zu Hause schwierig ist."

Die Mutter erzählte mir dann, dass ihre Tochter als Autistin diagnostiziert wurde. Ich leitete sie sanft an, sich unabhängig von dieser Diagnose dem Leben ihrer Tochter positiv zu nähern und den Engeln zu danken, die sie sichern und vor den niedrigeren Energien schützen, für die sie selbst anfällig ist. Die Frau gab zu, dass sie in Bezug auf ihre Tochter eher in einer negativen Denkweise gefangen war, was, wie ich betonte, dem Kind bei seiner Sensitivität nicht guttun würde.

Ich gab ihr tägliche Affirmationen von den Engeln weiter, die sie wiederholen sollte, und auch Informationen darüber, wie das Mädchen mit ihren Engeln verbunden war und wie ihr das während ihres ganzen Lebens helfen würde.

Ich wurde einmal von einer Familie angesprochen, die sich eine private Sitzung in ihrem Zuhause wünschte, das nicht weit von meinem weg war.

Als ich an ihrem Haus ankam, war es klar, dass die Mutter sehr aufgeregt darüber war, mich dort zu haben. Ihre Engel waren sehr präsent und bestanden darauf, dass ich mit ihr über ihre Tochter spreche. Als ich um mehr Informationen bat, sagten sie mir, dass sie sehr talentiert und intuitiv sei – insbesondere, da sie die andere Seite gesehen habe.

Ich erzählte das der Mutter und sie sagte: „Das ist der Grund, warum ich Sie gebucht habe. Meine dreizehn Jahre alte Tochter Gemma hat ihr ganzes Leben lang Geister gesehen und wir wissen einfach nicht, wie wir ihr helfen können!"

Die Engel erzählten mir, dass Gemma alles sah – sowohl gute als auch manchmal beängstigende Dinge. Obwohl sie sich selbst nicht fürchtete, beeinflusste es ihr Leben, und sie fand es schwierig, den Schalter umzulegen, ihre Hausaufgaben zu machen oder gar zu schlafen.

Wir sprachen eine Weile über Gemma und die Engel bestanden darauf, dass ich das junge Mädchen darin unterrichte, wie sie sich selbst schützen und abschalten kann, so dass sie trotz allem ihr Leben auf dieser Ebene genießen könne. Ich weiß besser als jeder andere, wie schwierig es sein kann, wenn störende Geister sich bei jeder Gelegenheit einmischen. Daher war ich froh, helfen zu können.

Wir baten Gemma, zu uns zu kommen. Ihre Fähigkeiten waren wirklich bemerkenswert. Sie sah die Geisterwelt überall und war sehr mit ihr verbunden. Aber sie hatte noch nie Engel gesehen. Ich fragte die Engel nach dem Grund dafür und sie erklärten mir, dass obwohl sich Gemma der Geister bewusst sei, sie bislang nicht gelernt habe, ihre Schwingung auf die von Engeln zu erhöhen.

Ich sprach mit Gemma über ihre Erlebnisse und ermutigte sie, meine Techniken zum Abschalten und zum Schutz ihrer Energien zu nutzen. Ich sagte ihr, dass ihre Fähigkeiten immer da seien, wenn sie das Gefühl habe, sie müsse sie nutzen, aber sie könne auch ihre Berufung auf eine andere Weise finden. Noch war nichts entschieden und sie konnte mit Hilfe der Engel selbst eine Wahl diesbezüglich treffen.

Einige Jahre vergingen und ich erfuhr, dass Gemma studierte, um Krankenschwester zu werden. Das fand ich interessant, denn ich kenne viele Hellseher, die Krankenpfleger waren, bevor sie meine Art von Arbeit machten – es war sehr gut möglich, dass Gemma einen Weg gefunden hat, ihr Interesse daran, sich um andere zu kümmern, mit mehr als nur einer Form zu kombinieren. Ich bin mir sicher, dass ich in einiger Zeit mehr darüber erfahren werde.

***

Einmal führte ich während einer Veranstaltung der Zeitung Sitzungen auf einer Bühne in Glasgow durch. Es war ein Riesenevent und jeder, der wollte, konnte vorbeikommen. Yvonne, die Redakteurin der Scottish Sun, die ich bereits in einem anderen Kapitel erwähnte, war auch da und wollte, dass ich ihr für einen Artikel, den sie schrieb, eine Kommunikation mit den Engeln demonstriere. Sie brachte eine liebenswürdige Dame zu mir, die ihre vierjährige Tochter an der Hand hielt. Sie sagte mir, sie heiße Isla, und das kleine Mädchen werde Kara genannt.

Isla hatte eine gelbe Aura – sie bewegte sich schnell und war immer auf dem Sprung. Wenn in einer Aura zu viel Gelb ist, zeigt das Probleme mit der Vitalität, was oft bei Menschen mit einem Vitaminmangel vorkommt. Ich bat die Engel um ein wenig Einsicht in Islas Leben.

„Erst kürzlich haben viele Veränderungen stattgefunden", sagten sie mir. „Islas Zuhause wurde von negativen Energien befreit."

Als ich das sagte, keuchte Isla. „Ja!", stieß sie hervor.

In meinem Geist sah ich, wie sie ihr ganzes Haus reinigte und ihm ein komplett neues Aussehen verschaffte. Sogar die Türmatte wechselte sie aus.

Isla gab zu, dass das stimme.

„Es ist wundervoll, dass das jetzt erledigt ist", fuhren die Engel fort, „denn die Sensitivität ihrer Tochter war von der alten Energie in dem Haus beeinträchtigt. Nachdem Isla die alte Energie ausgeräumt hat, bekam die Beziehung zu ihrem Partner mehr Licht. Es ist viel Liebe um sie herum, aber in der letzten Zeit hatten sie Probleme. Jetzt gibt es eine Chance auf einen Neuanfang, eine Gelegenheit für sie alle, weiterzumachen."

Isla sah sehr interessiert aus. „Richtig!", sagte sie. „Das stimmt alles."

„Wie war das kleine Mädchen davon betroffen, Kara?", fragte ich die Engel.

„Sie hatte ständig die Ohren verstopft, was sie selbst verursacht hat, damit sie ihre Eltern nicht streiten hören musste."

Als ich das Isla mitteilte, füllten sich ihre Augen mit Tränen. „Das ist auch wahr. Ich kann gar nicht glauben, dass Sie wussten, dass ihre Ohren blockiert waren. Nun wissen wir den Grund."

Die Engel versprachen: „Mach dir keine Sorgen, denn es ändert sich nun alles – zum Positiven. Bitte sag dem kleinen Mädchen, uns gefällt ihr neues Fahrrad!"

Ich bückte mich zu Kara hinunter und sagte: „Hallo! Mir hat gerade jemand erzählt, du hättest ein neues Fahrrad. Stimmt das?"

Das kleine Mädchen wurde ganz aufgeregt, als sie nickte und sagte: „Ich hatte gestern Geburtstag und Papi kaufte mir ein rosa Rad!"

Daraufhin wusste ich, dass die Engel auf sie aufpassten.

***

Es gibt noch eine weitere Gruppe unschuldiger Individuen, die genauso effektiv mit Engeln kommunizieren wie die Kinder – Tiere! Tiere haben auch Engel, und ihre Unschuld und Liebe würde aus ihnen perfekte Kanäle für ein Gespräch mit Engeln machen, wenn wir nur in der Lage wären, diese Botschaften zu interpretieren. Manchmal haben Tiere elementare Wesen bei sich, aber nicht immer. Elementare Wesen stammen aus der

Engelfamilie, sind aber mehr erdverbunden. Es sind die Wesen, die Menschen Elfen oder Feen nennen, die spirituellen Wesen, die das Wasser, die Natur, die Tiere und alle Dinge umgeben, die mit Mutter Erde zu tun haben. Ich sehe sie oft in der Nähe von Bäumen und Tieren, und wenn ich draußen bin, verbinde ich mich mit der Natur. Sie sind göttlichen Ursprungs, können aber manchmal feurig und hitzköpfig sein, genau wie wir Menschen.

Es war bei einem Besuch eines Freundes, als ich mir dieses Aspekts bewusst wurde. Als ich dessen Hund sah, einen goldfarbenen Labrador namens Lockie, spürte ich das Herz des Tieres in meinem eigenen Körper. Ich wusste, dass er litt, aber da waren Engel um ihn herum, die versuchten, ihn zu heilen. Diese Situation zeigte mir eindrücklich, dass Tiere nicht wissen, wie sie um Hilfe bitten sollen. Damals nutzte ich meine eigenen Heilkräfte, um Lockie zu helfen, zum großen Erstaunen seines Besitzers. Dieses Erlebnis brachte mich dazu, die Möglichkeit zu überdenken, Tiere in meine Arbeit einzubeziehen, wie auch die Engel, die ihrerseits den Tieren helfen.

Dieser Teil meiner Arbeit war mir sehr wichtig. Bei einer Gelegenheit fuhr ich zu einer niedergelassenen Energieheilerin und Handleserin namens Margaret. Sie lebte am Stadtrand in einem wunderschönen Haus, das verzierte Tore und einen riesigen Garten hatte. Als ich durch den Garten lief, sah ich eine kleine Katze neben einem großen, grünen Engel. Ich sagte: „Hallo", und fragte, warum der Engel in dem Garten bei der Katze sei.

Der Engel antwortete: „Diese Katze ist verzweifelt. Wir sind hier, um das dem Besitzer mitzuteilen."

Ich klopfte an die Tür und Margaret öffnete.

„Sie sollten gleich mit hinauskommen", erklärte ich. „Da ist ein Engel mit einer verzweifelten Katze und will uns etwas mitteilen." Ich muss zugeben, das ist nicht gerade die übliche Begrüßung.

Ich fragte den Engel, was los sei und erwartete etwas ziemlich Traumatisches, aber mir wurde nur gesagt: „Diese Katze mag Musik. Aber seit kurzem war sie einfach zu laut gestellt, insbesondere mit diesen neuen Lautsprechern. Das ist einfach nicht fair, insbesondere dann nicht, wenn sie gerade schlafen will."

Margaret sagte mir: „Mein Ehemann ist taub – er spielt Gitarre, muss aber dafür einen speziellen Verstärker benutzen und das ist dann wirklich sehr laut!"

***

Manchmal sind die Botschaften, die ich von Tieren erhalte, weniger oberflächlich als die dieser Katze, die wollte, dass die Musik leiser gedreht wird. Vor einigen Jahren wurde ich während einer Bühnendemonstration zu einer Frau gebracht, die Ann hieß. Ein Engel wollte den Geist eines jungen Mannes durchstellen, der sich wie ihr Bruder fühlte. Thomas erzählte mir, dass er an einer fürchterlichen Krankheit gestorben war, die sein Blut betraf. Der Engel informierte mich darüber, dass er weit von zu Hause entfernt lebte und dass dies für seine Familie sehr beunruhigend war, denn sie hatten Schwierigkeiten gehabt, ihn dort zu besuchen, wo er wohnte.

Im weiteren Verlauf der Botschaft betonte Thomas weiterhin die Blutprobleme, deren Richtigkeit Ann bestätigte. Thomas leitete auch Botschaften der Liebe und der Unterstützung weiter und ich hatte den Eindruck, dass es wichtig für Ann war, zu wissen, dass ihr Bruder um sie herum war, ihr Heilung und Liebe gab und sagte, sie solle sich nicht schuldig fühlen, denn sie wäre nicht in der Lage gewesen, dorthin zu fahren, wo er lebte, als er krank war.

Ich sah einen Affen auf Thomas Schulter sitzen und erzählte das dem Publikum. Alle lachten, nur Ann war fassungslos. Es stellte sich heraus, dass Thomas Aids hatte und zu diesem Zeitpunkt in Afrika lebte. Der Affe war sein Haustier gewesen.

Thomas' Verbindung mit der Kreatur beruhigte Ann, denn sie wusste, dass es ihm gelungen war, ein Gefühl der Sicherheit aus dem Band zu ziehen, das ihn mit dem Tier in seinen schweren Stunden verbunden hatte.

***

Ich werde niemals vergessen, wie ich einmal zu meiner besten Freundin Teri ging. Sie war in dieser Zeit im Wohnzimmer und drehte das Haar ihrer Mutter auf Lockenwickler. Ich kam herein, um ein wenig mit ihr zu plaudern und ihre Tante Nina zu sehen, die auf der Couch saß. Zu ihren Füßen lag ein süßer West Highland Terrier namens Max, der mich stark an meinen Hund Tora erinnerte. Als ich mich zu ihnen setzte, kam der kleine Hund zu mir und legte sich vor meine Füße.

Die Engel sagten: „Bitte heile diesen Hund." Daher begann ich, sachte über das Hundefell zu streichen und dann platzierte ich einfach meine Hände auf ihm und er lag still, während er die liebevollen Schwingungen erhielt, die ich ihm schickte.

Wir unterhielten uns eine Weile, bis sich Tante Nina ernsthaft dafür interessierte, was ich da tat. Sie erzählte mir, dass es ihr immer schwergefallen sei, an spirituelle Dinge zu glauben, weil sie vor vielen Jahren ihren Sohn verloren hatte.

Plötzlich hörte sie auf zu reden und sagte: „Was machst du da mit dem Hund?"

„Ich schenke ihm Heilung", antwortete ich. „Er schien sich ein wenig unbehaglich zu fühlen."

„Was meinst du mit ‚unbehaglich'?", fragte sie und klang besorgt.

Die Engel mischten sich ein und sagten mir: „Dieser junge Hund hat Probleme mit den Zähnen, auf die nicht geachtet wurde."

Als ich das Nina erzählte, war sie absolut fassungslos, denn Max hatte durchaus Probleme mit den Zähnen. Es war eigentlich der Hund ihrer Tochter, aber sie hatten wegen der hohen Kosten aufgehört, ihn zum Tierarzt zu bringen.

Ich glaube, dass die Engel sichergehen wollten, dass Max und ich uns in dieser Nacht trafen, damit er Liebe und Heilung in dieser Situation erhielt, und ich war froh, meinen Teil dazu beitragen zu können.

***

Einmal gaben ich und meine Freundin Clara eine spirituelle Party in einem großen, extravaganten Haus in Renfrewshire, am Stadtrand von Glasgow. Ich hatte soeben meine vier Sitzungen für diesen Abend beendet und Clara war noch mit ihrer letzten Kundin, Lesley, beschäftigt. Es hatte eine Weile gedauert, und sie gab zu, dass sie damit zu kämpfen hatte, eine Verbindung mit Lesleys Familie im Himmel herzustellen (was schon einmal vorkommt!). Sie fragte mich, ob ich hereinkommen und schauen wolle, ob ich mich verbinden könne.

Ich bat die Engel, in die Situation einzugreifen. Auf Anhieb sagten sie: „Ihre Mutter ist da und will sie sprechen."

Die Energie der Mutter kam sofort herüber. Ich erzählte Lesley, wie es ihr gegangen war und wie sie friedlich im Schlaf starb. Sie bestätigte, dass das sehr beeindruckend und präzise war.

Als ich fragte: „Engel, ist da jemand anderes, der bestätigen kann, dass es ein Leben nach diesem Leben hier gibt?", sah ich sofort überall Wellensittiche herumfliegen. Sie flogen mit einer riesigen Geschwindigkeit durch den Raum!

Als ich das Lesley mitteilte, war sie erstaunt. Ihre Familie hatte jahrelang Wellensittiche gezüchtet!

***

Meine eigene Katze Ralph ist nach dem heiligen Erzengel Raphael benannt. Ich holte ihn am letzten Halloween zu mir und war ganz aufgeregt, als ich ihn nach Hause brachte. Er war die letzte Katze aus einem Wurf Ragdoll und Siam. So war er mehr Siamese als alles andere, mit wunderschönen leuchtend blauen Augen und einem Hauch Blau in seinem Fell, das im Sonnenlicht glitzerte. Ich hatte einfach den Eindruck, der kleine Kerl brauchte ein Zuhause, bemerkte aber, dass eins seiner Augen wund war. Der Züchter versicherte mir, dass alles in Ordnung sei, aber ich könne Augentropfen mitnehmen.

Ralph fand schnell ein Versteck – ein Hosenregal in meinem Schrank. Er liebte es, dort warm und bequem zu schlafen, außerhalb jedermanns Zugriff.

An einem seiner ersten Tage zu Hause, musste ich ihn eine Weile alleine lassen, während ich arbeitete. Ich verlasse im Allgemeinen mein Haus nur für längstens fünf Stunden, daher war ich nicht allzu lange weg. Aber als ich nach Hause kam, war er im Hosenregal, konnte aber keins seiner Augen öffnen. Man sah nur zwei Schlitze.

Es erschreckte mich zu Tode. Ich bekam die Panik und begann, vor Sorge zu schreien. „Die Engel können mir helfen", sagte ich mir fest.

Ich begann, indem ich dem Erzengel Ariel („die Löwin Gottes") dafür dankte, dass er Ralph und mir in dieser Situation half (Sie erinnern sich, nicht um Hilfe bitten, sondern den Engeln danken, um die Angst aus der Situation zu nehmen).

Ich wurde angewiesen, ein nasses Wattestäbchen auf Ralphs Augen zu legen. Nachdem ich einmal damit darübergerieben hatte, öffnete er seine winzigen blauen Augen, aber sie waren rot und sahen furchtbar wund aus. Ich rief seinen Namensvetter Erzengel Raphael, um ihm Heilung und Licht zu bringen. Ich hatte den Kleinen unbewusst nach dem heilenden Engel benannt, aber nun glaube ich, es war, weil ich irgendwie wusste, dass er zu einem so frühen Zeitpunkt Hilfe brauchen würde.

Am nächsten Morgen brachte ich Ralph zum Tierarzt. Er sagte mir, dass er Katzenschnupfen habe, den er sich wohl bei seinem Züchter eingefangen hatte. Nachdem er behandelt wurde, war alles wieder gut – obwohl ich zugeben muss, dass Ralph jetzt kein Engel ist!

***

In diesem Jahr hat mein alter Schulfreund Sean auf Facebook gepostet, dass eins seiner Kätzchen davongelaufen war. Er war in der Zeit, in der seine Mutter in Urlaub war, Katzensitter und eins der Kleinen war verschwunden. Es war schon vier Tage weg, als ich die Botschaft las und Sean begann, sich Sorgen zu machen. Er stellte ein Foto der Katze online auf Facebook und fragte, ob ihm jemand helfen könne.

Ich hatte tiefstes Mitleid mit Sean, denn ich konnte mir vorstellen, wie niederschmetternd die Situation für ihn war. Ich wies ihn an, zu sagen: „Danke, ihr Engel und Erzengel Ariel, dafür, dass ihr meiner Katze den Weg nach Hause zeigt."

Am nächsten Nachmittag bekam ich folgende Botschaft:

„Ich habe deinen Rat befolgt und ... mein Kätzchen kam heute Morgen nach Hause! Ich hatte etwas gezögert, bevor ich darum bat, aber ich tat es und anscheinend hat es etwas gebracht. Danke!"

Wenn ich nur eine Botschaft an die Menschen bringen dürfte, wäre es diese: Hört auf zu fragen, fangt an zu glauben. Was haben Sie schließlich zu verlieren?

Womit Sie helfen können

Sie können mit Engeln arbeiten, um Kindern oder Tieren zu helfen. Wenn Sie eine schwierige Zeit durchmachen, weil sich ein Kind merkwürdig benimmt, empfindlich oder krank ist, oder wegen seines Charakters, können Sie ganz leicht auf deren Engel zurückgreifen, um sich helfen zu lassen. Alles, was Sie sagen müssen, ist: „Danke, Engel von [Name des Kindes], dafür, dass du Licht und Liebe in diese Situation bringst, alles für das höchste Gut."

Die andere erstaunliche Sache, die Sie tun können, ist, Ihr Kind zu lehren, die Engel um Hilfe in ihrem Leben zu bitten. Sagen Sie Ihrem Kind, dass seine Engel immer bei ihm sind. Und wenn es jemals Hilfe bei irgendetwas in der Schule oder auf dem Heimweg braucht, oder bei den Hausarbeiten, oder selbst wenn sie sich nur das Knie verletzt haben, können die Engel helfen. Alles, was das Kind sagen muss, ist: „Danke, Engel, dafür, dass ihr mir helft!" Wenn Ihr Kind das tut, wird seine Empfindsamkeit seine Engel näher an ihn heranrücken. Das Kind wird in goldene, engelhafte Energie gepackt, die in seiner Situation heilend wirkt.

Ganz toll ist auch, wenn Sie Ihr Kind bitten, seinen Schutzengel zu zeichnen. Besorgen Sie sich eine riesige Auswahl Buntmalstifte und Papier und sagen Sie: „Wie glaubst du, sieht dein Engel aus?" Fragen Sie nach den Farben der Kleider und der Haut der Engel, ob sie groß oder klein sind, dick oder dünn, wie ihr Haar aussieht, ob sie Flügel oder Schuhe tragen, ob sie etwas halten oder etwas bei sich tragen. Sobald sie seine Vorstellungskraft angeregt haben, ermutigen Sie es, seinen Engel zu zeichnen. Sie werden über die Weisheit dessen, was ihr Sprössling produziert, angenehm überrascht sein und es wird zudem die Verbindung mit seinem Engel stärken.

Wie ich bereits erwähnt habe, bete ich im Allgemeinen zu den Engeln als Kraft anstatt einen einzelnen Engel anzurufen, denn auf diesem Weg kommt der richtige Engel zu uns, der die Aufgabe auch übernehmen kann. Aber der Erzengel Ariel hat eine bemerkenswerte Verbindung zu Tieren und kann bei allem helfen, was mit ihnen zu tun hat – ob es nun darum geht, ein verlorenes Haustier zu finden oder ihm ein neues Heim zu suchen. Wenn Sie besonders gerne Hilfe hätten, um ein Tier zu heilen, dann wäre es großartig, wenn Sie Erzengel Raphael bitten, Ariel zu unterstützen.

Sie können den Engeln bei ihrer Heilarbeit assistieren, indem Sie Ihre Hände auf das Tier legen, um es ihm bequem zu machen. Eine Hand hinter dem Kopf und eine Hand in der Nähe des Herzens wirken immer. Sobald Sie das Gefühl haben, Sie müssten die Position wechseln, legen Sie eine Hand auf die Mitte des Rückens und eine auf den unteren Teil der Wirbelsäule des Tieres, um es zu erden.

Wenn Sie Ihre Hände auf das Tier legen, können Sie sagen: „Danke, Engel, dafür, dass ihr mir erlaubt, euer heilendes Licht in [Name des Tieres] zu leiten, alles für das höchste Gut."

Sobald die Heilung beginnt, können Sie beobachten, wie das Tier in den heilenden Strahlen entspannt. Wenn es aufsteht und weggeht, dann liegt das daran, dass es für diesen Tag genug Heilung erfahren hat. Tiere sind intelligent und können heilende Energien oft sehen. Sie wissen, wann sie genug haben.

9
So winzig, so wichtig

Ganz viele Menschen, die bei mir Sitzungen buchen oder in meine Shows kommen, sagen am Anfang, dass sie skeptisch seien oder nicht an solches „Zeug" glauben. Aber sehr oft sind sie diejenigen, die besonders starke Botschaften empfangen.

An einem Winterabend kam eine Frau namens Georgina zu einer Sitzung in mein Büro. Sofort eröffnete sie, sie sei skeptisch, aber die Engel erschienen sehr schnell für sie. Ich fing wie immer damit an, erst ihre Persönlichkeit und gegenwärtigen Gefühle zu beschreiben, und bat dann die Engel, näher zu treten. Sie brachten den Geist einer Dame mit, der sagte, er sei Georginas Großmutter.

Diese Frau war wunderschön, hatte eine erstaunliche Aura und mir war bewusst, dass sie ehrlich war, aber ein leidenschaftliches Herz hatte. Sie war so aufgeregt darüber, dass sie mit ihrer Enkelin sprechen konnte, und wollte Ratschläge und Liebe weitergeben, war sich aber darüber im Klaren, dass Georginas Skeptik dazu führen konnte, dass die Botschaft ungehört blieb. Obwohl ich bis jetzt bei allem ins Schwarze getroffen hatte, was ich Georgina über sie selbst erzählte, protestierte sie weiter und sagte, dass sie nicht wirklich „glaube". Da nannte ich ihr den Namen ihrer Großmutter, die Krankheit, an der sie gestorben war und ihre Erinnerungen an ihr Hinscheiden im Krankenhaus, aber sie schien noch immer nicht überzeugt zu sein.

Ich musste mehr Beweise einfordern. Zum Schluss zeigte mir Georginas Großmutter eine Dose Gesichtscreme. Ich musste lächeln, denn so oft sind es wirklich die uninteressantesten, trivialsten Kleinigkeiten, die die Leute glauben lassen. Ich erzählte

Georgina von der Gesichtscreme – und sie öffnete ihre Handtasche und holte die gleiche Dosc heraus.

„Das ist die Creme meiner Großmutter", sagte sie mir. „Das ist alles, was ich noch von ihr habe, und ich trage sie überall mit mir herum."

Von diesem denkwürdigen Detail überzeugt, öffnete sich Georgina gegenüber der Kommunikation mit den Engeln und ich half ihr und ihrer Großmutter, ihre liebevolle Beziehung wieder herzustellen.

***

Diese winzigen Details sind manchmal die einzigen Dinge, die die Menschen davon überzeugen, dass Engel existieren. In all den Jahren gab es dafür viele Beispiele.

Eine Frau namens Lee kontaktierte mich zunächst per E-Mail. Ich erinnere mich, dass sie sagte, sie wolle keinen finanziellen Aufwand entstehen lassen, wenn sie keine nützliche Hilfe oder keine Beweismittel von den Engeln oder ihren Verstorbenen erhalte. Ich versicherte sie meiner „keine Beweise/keine Kosten"-Politik und sie kam an einem kalten Wintertag mit vereisten Straßen und Minustemperaturen für eine Sitzung zu mir.

Ich bat sie, ein kurzes, inneres Gebet für ihre Familie und die Engel zu sprechen, damit sie zu ihr kommen, während sie ihre Hände auf die Engelkarten legte. Sofort sah ich einen Engel an ihrer Seite. Dieser Engel erzählte mir, dass ihr Leben wie eine Achterbahn verlaufen war. Mir wurden Zeiten aus ihrer Kindheit und mit ihren Beziehungen gezeigt. Der Engel fuhr damit fort, dass dieses Jahr sowohl das beste als auch das schlimmste ihres Lebens werden würde: „Sie wird dann wissen, was es heißt, sesshaft geworden zu sein, und sie wird dann wissen, wie es ist, wenn einem das Herz gebrochen wird."

Der Engel fuhr weiter fort, dass die Engel bereit seien, die Geister von Lees Verwandten hereinzubringen, und ich bat sie, vorzutreten.

„Sag ihr, dass Margaret da ist", forderte der Engel mich auf. „Sie starb in ihrem eigenen Haus und es ging ganz schnell. Sag Lee, dass sie viel von ihr gehalten hat."

Margaret wurde von einem jungen Mann namens Robert begleitet. Zu diesem Zeitpunkt war Lee schon sehr berührt. Robert wollte sich für seine „alberne Angewohnheit" entschuldigen, was eine extreme Beschönigung von etwas war, was er mir dann zeigte: Er war an einer Überdosis Heroin gestorben.

Es stellte sich heraus, dass Robert Lees Partner gewesen war und Margaret seine Mutter – sie starben innerhalb von drei Monaten nacheinander. Die Engel, die bei ihnen waren, wollten Lee ihre Unterstützung anbieten und setzten mich über Streitigkeiten mit einem Familienmitglied in Kenntnis, die es seit dem Tod der beiden gab. Es gab da ein Problem mit der Bezahlung der Beerdigungen. Lee nahm dieses besondere Detail als merkwürdige Bestätigung für die Verbindung, die ich hatte.

Der Engel fuhr damit fort, mir etwas über Lees drei Kinder zu erzählen. Eines davon, ein Mädchen, war sehr spirituell und es waren viele Engel um sie. Die Hilfestellung der Engel ging weiter in dem Wissen voran, dass Robert an ihrer Seite steht, ihr aber gleichzeitig versichert, dass sie nicht den Rest ihres Lebens allein bleiben sollte. Lee sagte mir, dass dies genau das sei, was ihr Expartner ihr immer gesagt habe. Bei dieser Sitzung wurden viele Gefühle frei und ich führte noch eine spirituelle Heilung durch.

***

Die Geschichte von Lee erinnert mich an eine andere skeptische Frau, mit der ich gearbeitet hatte, als ich erst 16 und noch am Anfang meiner Reise war. Die Frau stand den spirituellen Verbindungen im Allgemeinen nicht skeptisch gegenüber, sondern mir im Besonderen!

Eines Tages, es war bei einer Trainingsstunde auf dem Flughafen, fanden die anderen Teilnehmer etwas über mein Talent heraus und waren fasziniert – alle, bis auf ein Mädchen namens Louise, das sehr abwehrend war. Sie erzählte mir, dass ihr

Schwager ein berühmtes Medium sei und dass sie darin selbst ein Experte sei.

Im weiteren Verlauf des Tages waren alle scharf darauf, dass ich mein Talent demonstriere, und so stimmte ich zu, ein paar Sitzungen abzuhalten, sobald wir fertig wären. Ich sagte, ich würde mit ihren Schutzengeln sprechen. Ich machte bei allen die Runde, erzählte ihnen individuelle Details und erstellte Prognosen. Nach einiger Zeit kam ich zu Louise. Sie war eindeutig interessiert, aber noch reserviert.

Es gab einen hellblauen Engel an ihrer Seite, der mir erzählte, dass sie Mutter sei und eine schöne, resolute Tochter habe, die es mit Louises Ermutigung weit bringen würde. Der Engel zeigte mir auch den Geist eines anderen Mädchens, das verstorben war, und sagte, dass Louise sich nicht die Schuld an dem Verlust dieses Kindes geben solle.

Louise brach in Tränen aus und sagte, dass sie niemals erwartet hätte, dass etwas so Genaues und Relevantes bei einer so kleinen Sitzung hochkommen würde. Sie wurde tatsächlich ein enger Unterstützer meiner Arbeit und ermutigt mich bis zum heutigen Tag.

***

Louise war nicht die einzige Skeptikerin, die über die Kraft der Engel erstaunt war. Einmal reiste ich zu einem Haus nach Uddingston, im Süden von Glasgow, um dort für ein paar Damen eine Sitzung abzuhalten. Als ich ankam, erklärte ich, wie ich arbeite, aber es gab da einen Mann im Raum, der Ehemann einer der Frauen, der sehr arrogant und mir gegenüber ablehnend war.

Ich sagte ihm, wie immer, dass ich keine Probleme mit Skeptikern hätte, solange sie die Existenz der Engel akzeptieren würden, sobald ich ihnen einen Beweis dafür gäbe, aber er redete noch immer über mich und machte hässliche Anmerkungen, als ich versuchte, den Frauen etwas über meine Arbeit zu erzählen. Als ich darauf hinwies, dass dieses Verhalten für alle schwierig werden würde, sagte er: „Wenn Sie ein Medium sind, dann lesen Sie doch meine Gedanken. Ich denke an etwas und Sie sagen mir einfach, was es ist. Das sollte Ihnen ja nicht besonders schwerfallen, oder? Das ist doch nicht schwierig für jemanden, der so talentiert ist wie Sie."

Ich antwortete, ich wolle mich eigentlich nicht auf dieses Niveau herablassen und dass ich eigentlich auch kein Gedankenleser sei, aber der Mann fuhr fort, mich in die Zange zu nehmen. Es wurde immer schwieriger.

Ich bat meine Engel mental um Hilfe und einer antwortete: „Seine Schulter war wochenlang völlig unbeweglich – sag ihm das."

Sobald ich diese Worte wiederholt hatte, entgleisten seine Gesichtszüge. Er sprang aus seinem Sessel und murmelte, dass er mit dem Hund Gassi gehen wolle!

Als er gegangen war, bestätigte seine Frau, dass er wirklich an einer kranken Schulter litt und dass sie trotz vieler verschiedener Therapien einfach nicht besser werden wollte. Er kam an diesem Abend nicht wieder!

***

Eine meiner Lieblingsgeschichten betrifft eine liebenswürdige Dame namens Bernadette, die für eine Sitzung zu mir nach Hause kam. Sie war sehr warmherzig und großzügig und wünschte sich verzweifelt, dass ich irgendetwas hören würde, was ich an sie weitergeben könnte.

Die Engel erzählten mir, dass sie in einem Pflegeberuf arbeite, ihre Arbeit liebe und für ihre Patienten ein wahrer Sonnenschein sei. Sie brachten mir ihre Mutter Katie. Sie war Bernadette unglaublich ähnlich, sowohl im Aussehen als auch in ihrer Persönlichkeit. Als sie damit begann, mit meinen Engeln zu kommunizieren, konnte ich sehen, dass Bernadette früher viel damit zu tun hatte, ihrem Beruf nachzugehen und gleichzeitig ihre Mutter zu pflegen.

Es war ein wahrer Kampf für Bernadette, aber sie machte immer weiter, denn sie dachte, das sei das Beste, was sie tun könne. Im weiteren Verlauf der Sitzung begannen die Engel, sie mit liebender, pinkfarbener Heilenergie zu umgeben, um ihr die Last von den Schultern zu nehmen. Sie sagten mir, dass sie seit dem Tod ihrer Mutter nicht viele Emotionen zugelassen und dass sich alles in ihr aufgestaut hätte.

Katie wollte ihrer Tochter dafür danken, dass sie nicht in ein Heim musste, sondern dass sie immer dafür gesorgt hatte, dass sie in der Obhut der Familie bleiben konnte. Wie aus dem Nichts sah ich plötzlich zwei Hände, die Cocktail-Sticks auf einem Tisch verschütteten. Als ich das weiterleitete, konnte Bernadette es einfach nicht glauben. In der Woche vor ihrem Tod hatte ihre Mutter völlig grundlos eine riesige Schachtel Cocktail-Sticks gekauft und bis zu diesem Tag hatte Bernadette sie in ihrem Schrank aufbewahrt, weil sie sie an ihre Mutter erinnerten. Das war der triviale, aber spezielle Beweis dafür, dass es ihrer erstaunlichen Mutter im Himmel gut ging.

✳✳✳

Ein junger Bankangestellter namens Charlie nahm einmal Kontakt wegen einer Sitzung zu mir auf. Er wollte mit seinem Schwager Harry Verbindung aufnehmen, der sehr plötzlich nach einem tragischen Autounfall verstorben war und seine Familie mit vielen unbeantworteten Fragen zurückgelassen hatte. Ich hatte Harry selbst gekannt und bat Charlie, mir ein paar wichtige Utensilien von ihm in einer Tasche mitzubringen, damit ich sie als Hilfe für den Kontakt zum Himmel benutzen konnte.

Ich habe sie dann aber doch nicht gebraucht, um eine Verbindung herzustellen, aber ich fand diese Sitzung besonders schwierig, weil ich nichts sagen wollte, was Charly mit meinen früheren Kenntnissen von Harry anstatt den Kenntnissen der Engel abtun konnte. Ich wusste, dass das für mich hart werden würde. Ich wusste aber auch, dass mit Harry alles in Ordnung war, aber ich musste das Charlie beweisen, und zwar auf eine Art und Weise, die er auch glauben konnte.

Als ich in Gedanken meine Engel rief, bat ich sie, mir etwas zu verraten, was ich Charlie als Beweis geben konnte. Da sah ich ein Rad vor meinen Augen. Ich sagte nur: „Ich muss dir etwas über das Rad erzählen."

114

Charlie verstand nicht. Eigentlich war er ein wenig ärgerlich. Ja, sein Schwager war in einem Auto verstorben und sie hatten beide Autos geliebt, aber warum sollte er ihm etwas über ein Rad erzählen wollen?

Wir gingen dazu über, mit den Engeln andere Dinge zu besprechen, insbesondere Charlies Idee, sich selbständig zu machen, während er seinen anderen Job beibehielt. Das war alles eine präzise Information und er schien glücklich darüber zu sein. Ich aber war noch nicht wirklich zufriedengestellt. Und als wir uns dem Ende der Sitzung näherten, fragte ich ihn, ob er ein paar Dinge mitgebracht habe, mit denen ich hätte arbeiten sollen.

Nachdem er die Tasche geöffnet hatte, entnahm er ihr eine Uhr in Radform. Aufgeregt rief ich: „Das Rad! Das ist dein Beweis dafür, dass Harry bei dir ist!"

Charlie begann zu lachen. „Ich kann nicht glauben, dass es das war", sagte er. „Ich habe gar nicht mehr daran gedacht."

Es stellte sich heraus, dass sein Schwager die Raduhr als Weihnachtsgeschenk für Charlies Sohn gekauft hatte, und es war ein liebgewonnenes Erinnerungsstück der Familie, denn Harry starb kurz darauf.

Engel und Geister faszinieren mich Tag für Tag mehr!

10
Zeichen von oben

Engel können uns auf viele verschiedene Arten Zeichen geben – sie kommen in allen Formen und allen Größen. Eines der bekanntesten Zeichen, das Engeln zugeordnet wird, ist, eine kleine, weiße, flauschige Feder an den unmöglichsten Orten zu finden. Wenn Sie irgendwo eine Feder finden und es kann keine vernünftige Erklärung dafür geben, wie sie dahin gekommen ist, dann haben Ihnen die Engel ein Zeichen ihrer Anwesenheit gegeben.

Sie können auch ein Kribbeln im Nacken oder auf den Schultern spüren. Ich habe auch schon festgestellt, dass die Anwesenheit von Engeln manchmal die Umgebung erwärmen kann, wohingegen geistige Energie die Dinge abzukühlen scheint.

Eine andere, schöne Art, wie wir die Anwesenheit von Engeln wahrnehmen können, ist, dass wir ein liebliches Parfüm riechen.

Eine Frau namens Jane fügte mich jüngst bei Facebook ihren Freunden hinzu. Sie schien wirklich nett zu sein und war sehr an der Arbeit interessiert, die ich mache. Sie wünschte sich eine Sitzung.

Bei dieser Sitzung besprachen wir einige reale Charaktere und die Engel kamen dazu. Sie hatten den Geist ihrer Großmutter dabei. In den folgenden Wochen wurde Jane immer interessierter an meiner Arbeit. Sie erzählte mir, dass sie nach unserer Sitzung die ganze Nacht wach gewesen sei und versucht habe herauszufinden, woher ich die Namen ihrer früheren geheimen Verbindungen und etwas über ihre Familie in Australien sowie ihre Verbindungen mit Italien, wo sie einmal gelebt hatte, habe wissen können.

Während der Sitzung konnte ich nicht allzu viel über Janes Mutter in Erfahrung bringen und konnte nicht verstehen, warum. Daher sandte ich einfach ein paar Engel zu ihr, damit sie sie unterstützen, und machte mit meiner Sitzung weiter. In den Wochen nach der Sitzung erfuhr ich, dass die Mutter leider verstorben war. Ich sage immer, dass ich bei den Sitzungen nicht Gott spiele und ich habe erst selten gesehen, wenn jemand in den Himmel überging. Ich schicke den Menschen bei jeder Gelegenheit Engel, aber wenn es an der Zeit ist für sie, zu gehen, können die Engel nichts tun, um sie hierzubehalten. Es ist nichts Schlimmes am Sterben, denn es ist einfach nur die nächste Station auf ihrer Reise.

Jane hatte ihre Teilnahme an einem Engelworkshop gebucht, doch am Tag zuvor verstarb ihre Mutter. Jane rief mich an und sagte mir, dass sie immer noch teilnehmen wolle, denn sie habe das Gefühl, es könne ihr irgendwie helfen. Ich wollte sie nicht dazu drängen, zu kommen oder nicht zu kommen, sie entschied das für sich.

Während des Workshops sah sie bei einer Meditationsübung den Geist ihrer Großmutter, der ihr liebevolle Unterstützung anbot. Zu diesem Zeitpunkt sah sie nicht viel mehr als das und fühlte sich für den Rest der Übungen, die wir machten, blockiert. Daher entschloss sie sich, früh zu gehen. Ich sagte ihr, sie könne kostenlos zum nächsten Workshop kommen, wo sie diese Arbeit nachholen könne.

Als sie beim zweiten Workshop ankam, erschien Jane recht optimistisch und positiv. Es sah so aus, als ginge es ihr gut und als würde sie sich darauf konzentrieren, aus dieser dunklen Zeit herauszukommen. Sie erzählte mir, dass sie die Engel gebeten hatte, ständig nach ihrer Mutter zu sehen und dass sie das Gefühl hatte, es wäre jemand bei ihr, aber sie wollte ein Zeichen. Dann, als sie einmal Weihnachtseinkäufe machte, rochen sowohl sie als auch ihr Ehemann das Lieblingsparfüm ihrer Mutter. Sie sahen sich beide an und sagten wie aus einem Mund: „Riech mal!" Der Parfümgeruch war so stark, dass sie es kaum glauben konnten. Als sich Jane wieder beruhigt hatte, sah sie auf der anderen Seite ein riesiges Gebinde Seifen mit den Etiketten „Engelseifen". Das war eine klare Botschaft von den Engeln und ihrer Mutter, um ihr zu sagen, dass sie alle beieinander waren.

Jane brachte eine Seife mit zum Workshop. Sie teilte uns allen ihre Geschichte mit und von diesem Moment an begann sie, sich mit ihren Engel auf einer tieferen Ebene zu verbinden.

***

Ich erinnere mich an eine andere Frau. Sie hieß Sara und war Ende vierzig. Ihre Sitzung begann sehr energetisch. Sie glaubte bereits an Engel und war angenehm offen und empfänglich für meine Mitteilungen. Nachdem ich sie mit ihrer warmen und herzlichen Persönlichkeit bekannt gemacht hatte, erzählten mir die Engel, dass eine Frau namens Hazel zu uns durchkommen wolle, um Sara zu sagen, dass es ihr gut gehe. Hazel war eine ziemlich strenge Frau mit einer Menge Grips. Ich konnte sehen, dass sie gestorben war, weil sie sich ihren Kopf gestoßen hatte – was zweifellos damit zu tun hatte, dass sie eine Alkoholikerin war. Sie fühlte sich sehr schuldig, weil sie so schlechte Entscheidungen getroffen hatte, und wollte sagen, dass sie über ihre zwei Kinder genauso wache wie über ihre Freundin Sara.

Hazel wollte, dass sich Sara nicht dafür schuldig fühlen sollte, dass sie sich von ihr getrennt hatte. Sie habe ihre Wahl getroffen und diese Wahl war, lieber zu trinken, als Freunde zu haben. Die einzige Botschaft, die sie jetzt weitergeleitet wissen wollte, war die, Sara zu danken und sie wissen zu lassen, dass es ihr gut ging und dass sie wohlbehalten auf der anderen Seite angekommen war.

Das lief alles gut und die Sitzung ging weiter. Erzengel Ariel kam durch, der Engel, dessen Name „Löwin Gottes" bedeutet. Ariel ist eine mutige Frau, die uns dabei hilft, unsere Ängste und Sorgen zu überwinden. Sie war hier, um Sara dabei behilflich zu sein, ihre Zweifel zu überwinden, mit denen sie in ihrem aktuellen Leben konfrontiert wurde. Sie wollte mit ihr über ihr Elternhaus sprechen, in das sie investieren konnte. Sie erzählte mir, dass es einige Feindseligkeiten von einem der Geschwister gab und Sara bestätigte, dass dies stimmte.

Ariel war es wichtig zu betonen, dass sie eine Sicherheit für die Zukunft brauche, weshalb die Immobilieninvestition so wichtig sei. Ich fragte, warum, und Ariel erzählte mir, dass Saras Ehemann vor kurzem aus gesundheitlichen Gründen aufgehört hatte zu arbeiten, aber dass er an einer degenerativen Erkrankung litt, die nur noch schlimmer werden konnte.

Sara bestätigte, dass er Multiple Sklerose habe und dass die Zukunft deshalb unsicher war.

Ich fragte Ariel, wie viel Geld Sara investieren sollte, und mir wurde gesagt: „Fünfzehntausend Pfund, mein Freund", was genau stimmte.

Doch selbst nachdem all das bestätigt worden war, war Sara noch immer unsicher. „Wie soll ich wirklich wissen, dass dies das Beste ist, was ich tun kann?", fragte sie.

Obwohl ich keine Zweifel hatte, konnte ich sehen, dass sie wirklich in einer Zwickmühle steckte. Manchmal hüten sich Menschen, große Entscheidungen schnell zu treffen, selbst wenn ihnen die Engel dabei helfen. Daher sagte ich: „Lassen Sie uns um ein Zeichen von den Engeln bitten. Wenn Sie in den nächsten Tagen etwas sehr Eindrückliches erhalten, dann wissen Sie, was zu tun ist."

Am Ende der Sitzung umarmte ich Sara, wie ich das normalerweise immer mache, und als sie aus der Tür ging, bemerkte ich eine kleine weiße Feder, die an ihrem Hintern klebte. Ich konnte mir nicht helfen, ich musste einfach lachen. Ich zeigte darauf und sagte: „Sara! Ihr Zeichen ist hier!"

Sara verstand schließlich, was sie tun musste, um ihr künftiges Leben zu sichern.

***

Engel geben uns so viele Zeichen in so vielen, verschiedenen Wegen, aber nicht alle von uns bemerken sie. Eines meiner frühesten Erlebnisse hatte ich, als ich einmal auf einer Sommerparty war. Ich hatte meine Engelkarten dabei, nur für den Fall, dass mich jemand dort um eine Sitzung bat, weil ich ständig auf der Suche nach Erfahrung war. Ich kannte nicht wirklich viele Leute dort, denn es war im Haus einer Freundin meiner Mutter, die Margaret hieß.

Ein männliches Paar schien unbedingt eine Sitzung haben zu wollen. Obwohl einer der Männer etwas zögerlich war, war er gleichzeitig scharf auf die Sitzung – was ein wenig paradox war! Er wollte die Sitzung, schien aber fast übervorsichtig bei dem, was ich sagen würde.

Der erst Mann, Mark, hatte eine sehr positive Sitzung. Die Engelkarten zeigten ihm, dass er in einer liebevollen Beziehung war und dass er viel Unterstützung um sich hatte.

Es war die zweite Person, die mich faszinierte. Ritchie war immer noch sehr zögerlich, während er sich hinsetzte. „Ich bin sehr skeptisch in Bezug auf all das", gestand er, wie es so viele andere auch schon gesagt hatten. „Hellseher, das Leben nach dem Tod – ich bin mir einfach nicht sicher."

Ich begann mit seiner Sitzung und sah, wie die Karten und Steine platziert waren, die er ausgesucht hatte. Plötzlich geschah etwas sehr Ungewöhnliches. Die Menschen um uns herum redeten und es waren weiterhin die üblichen Partygeräusche zu hören, aber alles, was ich hörte, war das Lied „Survivor". Es war in meinem Kopf, es wurde nicht auf der Party gespielt, und es war kristallklar.

Ich sah zu Ritchie auf und fragte ihn, ob er verstehen könne, was hier passiert.

„Nein", sagte er aufrichtig. „Dieses Lied sagt mir nichts, gar nichts."

Dann stand, wie aus dem Nichts, ein Engel in fließenden Roben hinter ihm, groß und majestätisch. Er war von Kopf bis Fuß in goldenes Licht getaucht. Er sah mich direkt an und sprach: „Dieser Mann ist ein Überlebender. Sag ihm, er ist ein Überlebender …"

Ich tat genau das.

Ritchie wurde leichenblass. Er dankte mir schnell, stand auf, flüsterte seinem Partner etwas ins Ohr und verließ die Party. Ich hatte keine Ahnung, was da abgelaufen war.

Später, als wir zu Hause waren, wurde meine Mutter von ihrer Freundin angerufen. Margaret erzählte ihr Ritchies Geschichte. Er hatte viele Male versucht sich umzubringen. Einmal hatte er versucht, sich in seinem Schlafzimmer aufzuhängen, aber das Seil war gerissen. Bei einer anderen Gelegenheit nahm er eine Überdosis, aber sein Vater hatte einen plötzlichen Drang verspürt, nach Hause gehen zu müssen, und hatte ihn rechtzeitig gefunden. Ich wusste, dass es einen Grund dafür gab, dass er am Leben gehalten wurde. Ich kannte den Grund nicht, aber es war eine erstaunliche Geschichte. Er kam niemals wieder zu einer Sitzung zu mir, aber Margaret hat mir erzählt, dass es ihm gut geht, dass er glücklich und noch immer mit seinem Partner zusammen ist.

Um Zeichen bitten

Wenn Sie Ihrer Intuition folgen oder der Anleitung, die Sie für eine Situation erhalten haben, können Sie Ihre Engel um ein Zeichen bitten, damit Sie wissen, ob Sie auf dem richtigen Weg sind.

Alles, was Sie tun müssen, ist, sich selbst von Kopf bis Fuß von goldenem Licht bedeckt vorzustellen. Sich in hellem Licht zu visualisieren, hebt Ihre Schwingungen zu dem des Lichts an und macht es leichter, mit Engeln zu kommunizieren und sie um Hilfe zu bitten. Es ist ein wenig so, als würden Sie aus einer alten Telefonkabel-Internetverbindung zum schnellsten Breitband wechseln, das es gibt.

Dann können Sie sagen: „Danke, Engel, dafür, dass ihr mir ein Zeichen für eure Anwesenheit und Liebe gebt. Danke dafür, dass ihr mich darin bestätigt, auf dem richtigen Pfad zu sein. Bitte leitet mich mit Synchronizitäten und Intuition. Und so sei es."

Halten Sie Augen, Ohren und den Solarplexus offen, denn die Engel werden Sie von diesem Moment an leiten!

11
Hilfe von oben

Wenn Engel sich dazu entschlossen haben, uns zu helfen, dann tun sie das auch. Selbst wenn sie eine Situation nicht ändern können, so können sie uns helfen, sie zu meistern.

An ein Beispiel dafür erinnere ich mich noch ganz deutlich. Als ich ungefähr fünfzehn war, hatte meine Mutter finanzielle Probleme. Wir waren uns sehr nahe und ich wusste, dass sie sich ständig über die schwierige Zeit Sorgen machte, die wir in Bezug auf Geld hatten. Ich erinnerte sie immer wieder daran, dass die Engel dazu da waren, um ihr zu helfen, und dass sie eine ganze Menge täten, wenn sie sie nur darum bitten würde. Nun, obwohl meiner Mutter völlig klar war, dass ihr einziges Kind seit Jahren die meiste Zeit des Tages damit zubrachte, mit Engeln zu plaudern, war sie zufällig niemand, der damit anfing, das auch zu tun. Sie ist eine sehr praktisch veranlagte Frau und sie hat immer alles dafür getan, um mich in jeder nur erdenklichen Hinsicht zu unterstützen, aber ich glaube doch, dass sie in diesen frühen Jahren die Augen noch ein ganzes Stück verdrehte, wenn ich ihr sagte, sie solle doch einfach die Engel fragen. Sie hätte damals schon wissen können – sie weiß es heute sicher –, dass es richtig gewesen wäre, es zu tun, aber es gab da immer noch einen Teil von ihr, der sich mit dieser Idee einfach nicht anfreunden konnte.

Ich war vielleicht ein Medium und ich mag auch mit Engeln kommuniziert haben, aber wenn es sein musste, war ich auch ein lästiger Teenager, der niemals aufgab. Daher bekam meine Mutter die ganze Ladung ab.

„Warum willst du das nicht machen, Mutter?", fragte ich. „Warum willst du nicht die Engel fragen, ob sie dir helfen?"

Wenn ich zurückblicke, habe ich vermutlich noch eine Weile so weitergemacht, aber ich war überzeugt davon, dass nach allem, was ich mittlerweile gesehen hatte, dies das einzig Richtige sei. Damals wie heute kann ich nicht ganz verstehen, warum Menschen nicht auf etwas zurückgreifen, was da ist und auf sie wartet und was ihr Leben um so vieles leichter machen würde.

Ich weiß nicht, ob meine Mutter einfach nur die Nase von mir voll hatte oder ob ich es mit meinen phantastischen Überzeugungskünsten (welche hauptsächlich darin bestanden, dass ich immer und immer wieder sagte: „Mach, Mutti, mach! Sprich mit ihnen, Mutti! Bitte sie um Hilfe, Mutti!") geschafft habe, sie zu überreden, aber schließlich knickte sie ein.

„Also gut, Kyle", sagte sie eines Tages, „was soll ich tun? Wie bekomme ich die Engel dazu, dass sie das für mich ordnen, weil sonst keiner dazu in der Lage ist?"

Ich erklärte ihr, dass sie die Engel der Fülle einladen müsse, um ihr in diesem Monat beizustehen. Sie solle ihnen sagen, dass sie ihre Hilfe brauche, um ihre Rechnungen zu bezahlen und um bis zum nächsten Zahltag durchzukommen. Sie nickte während ich sprach, aber sie tat oder sagte nichts in meiner Gegenwart. Danach sprach ich dieses Thema nicht mehr an. Ich hatte so viel getan, wie ich konnte, aber ich hatte auch das Gefühl, dass ich weit genug gegangen war – meine Mutter musste den nächsten Schritt machen.

Am nächsten Tag, einem Montag, wurde ich auf dem Handy angerufen. Meine Mutter schrie mich durch die Leitung an.

„Es ist passiert, Kyle! Es ist passiert!"

„Was ist? Was ist passiert?", fragte ich, völlig durcheinander.

„Nun, ich tat, was du gesagt hast, und bat die Engel der Fülle um Hilfe."

Ich blieb ruhig. Die Tatsache, dass meine Mutter das tatsächlich getan hatte, war erstaunlich genug. Ich war mir ziemlich sicher gewesen, sie hätte noch einige Hilfe bei der Verständigung mit den

Engeln gebraucht, daher hat mich die Tatsache, dass sie bereits mit ihnen kommuniziert hatte, in erster Linie verwundert.

„Ich habe gerade etwas Geld von einem Kreditkartenunternehmen bekommen", fuhr meine Mutter fort. „Sie schuldeten mir 250 Pfund, die sie mir zu viel berechnet hatten, und ich hatte absolut keine Ahnung davon. Ich habe sie nie wegen des Geldes angesprochen, ich habe noch nicht einmal gewusst, dass sie es mir schulden, aber hier ist es, auf meinem Konto."

Ich wusste, das war das Werk der Engel. Diese zufällige Summe war genug für meine Mutter, um ihre Rechnungen zu bezahlen, bis ihr Gehalt hereinkam, und es half ihr durch diesen schwierigen Monat.

Für mich war das der Beweis für die Kraft der Engel und für die Wege, auf denen sie gezwungen sind, uns zu helfen. Wenn nun meine Mutter nach den Lottozahlen gefragt hätte, hätte sie sie nicht bekommen. Wenn ein Wunsch auf Gier basiert, wird er nicht erfüllt – aber meine Mutter brauchte nur ein wenig Bargeld, um uns durchzubringen, und sie schadete niemandem mit ihrem Wunsch, daher urteilten die Engel, dass es der Mühe wert sei. Es wird uns immer geholfen werden, wir müssen nur darum bitten.

***

Ich werde oft gefragt, warum die Engel uns allen helfen wollen. Ich vermute, das ist eine wirklich relevante Frage. Ganz einfach: Sie wollen uns helfen, weil es ihre Bestimmung ist. Das ist der Grund, warum es sie überhaupt gibt. Sie sehen in unserem Glück ihr alleiniges Ziel. Die universelle Lebenskraft, die alles überwacht, was wir tun, hat die Engel geschaffen, um uns zu führen, zu leiten und zu schützen. Diese erstaunlichen Wesen mögen als bedauernswert betrachtet werden, weil sie sich tagein, tagaus mit uns beschäftigen müssen. Aber sie tun es freiwillig. Sie wollen uns dabei helfen, unser höchstes Potenzial zu erreichen, und holen ein Maximum aus allen unseren Lernerfahrungen in diesem Leben heraus.

Und wissen Sie was? Wir sind nicht immer so schlecht, wie wir glauben... und die Engel können uns helfen, das zu erkennen und es uns ein wenig leichter zu machen.

Eine der besten Lektionen, die ich jemals erhalten habe, war, als ich mit einer Frau namens Engela arbeitete. Engela war allem gegenüber sehr skeptisch und fand es schwer zu glauben, jemand – Engel oder nicht – würde ihr irgendetwas Gutes tun wollen. Ich habe das schon so oft erlebt, und es ist einfach schrecklich zu sehen, wie viele Menschen sich hinter einer Rüstung verstecken, von der sie denken, dass sie ihnen Schutz gibt, wobei sie aber nur eine Barriere zwischen sich und dem Rest der Welt aufbauen. Genau so hat sich Engela der Welt präsentiert und das war es, was ihre Probleme verursachte. Sie hatte sie sich selbst eingebrockt, aber sie konnte das einfach nicht erkennen.

Nachdem ich ihr erklärt hatte, wie alles funktioniert, bat ich sie, die Hände auf meine Engelkarten zu legen, und ich stimmte mich ein. Ihr Engel war uns sehr nahe. Ich konnte nicht anders, ich spürte, dass sie mit diesem Engel schon oft gesprochen hatte. Sie war Medien gegenüber skeptisch, aber definitiv nicht gegenüber Engeln und dem Leben nach dem Tod. Der Engel sagte mir dann, dass ihr Vater mit ihr sprechen wolle.

Dann sah ich sofort ein Bild von Engela als Kind und wie ihr Vater die Familie verließ. Dann sah ich ein Bild von ihr, als sie in den Zwanzigern war und wie ihr Vater versuchte, mit ihr zu sprechen, aber sie war nicht interessiert daran. Sie drehte ihm einfach den Rücken zu.

Als ich ihr erzählte, was mir gezeigt worden war, versuchte Engela, ihre Tränen zurückzuhalten. Dann kam der Name „Bill" in meinen Kopf.

„Das ist der Name meines Vaters", sagte sie und begann zu weinen. „Er verließ uns, weil er und meine Mutter niemals einer Meinung waren. Er versuchte, an meinem einundzwanzigsten Geburtstag mit mir zu reden, aber ich wollte nicht. Er musste erst sterben, bevor ich ihm verzeihen konnte, dass er uns verlassen hat."

Dann konnte ich ein Bild sehen, auf dem Engela vor der Tür eines Hauses stand und eine liebenswürdige ältere Dame ihr etwas gab, was aussah wie Fotografien.

Als ich sie fragte, was das war, sagte sie: „Ich ging damals zur neuen Frau meines Vaters und sie gab mir Fotos von ihm. Sie war eine liebenswerte Frau und diese Bilder halfen mir, den Schmerz zu überwinden."

Es stellte sich heraus, dass Engela seit Jahren auf ein Medium gewartet hatte, das Kontakt zu ihrem Vater herstellen konnte. Es war ihr wichtig, ihn dort glücklich zu wissen, wo er war, und sie war schlussendlich froh darüber, zu erfahren, dass sie geliebt wurde.

Als ihr Vater sich zurück ins Licht bewegte, hörte ich noch: „Es gibt Raphael wirklich!"

Engela war geschockt. Sie zog aus ihrem T-Shirt einen Anhänger mit dem Symbol und dem Namen des Erzengels Raphael hervor. Das zeigte, dass alles stimmte.

Während der Sitzung hörte ich auch einige interessante Worte wie „Schlaganfall" und „ich". Es stellte sich heraus, dass Engelas Stiefvater einen Schlaganfall gehabt hatte und derzeit künstlich beatmet wurde.

Ihr Schutzengel trat nach vorne und sprach in einem sehr klaren Englisch diese Worte: „So sehr es dir auch gefällt, den Obdachlosen hilfreich zur Seite zu stehen, wir Engel wollen dich ermutigen, über den Tellerrand hinauszusehen. Du fühlst dich vielleicht nicht 100-prozentig sicher, was das Büro anbelangt, in das du gezogen bist. Aber du bist aus einem bestimmten Grund dort. Es wird sich eine Gelegenheit ergeben und dann kannst du mehr Menschen helfen als jemals zuvor."

Engela arbeitete für ein Obdachlosenheim und war vor kurzem in ein Büro umgezogen, wo sie sich hilflos fühlte, weil sie nicht direkt mit den Familien arbeiten konnte. Sie akzeptierte das jedoch aus Gründen, die sie bislang noch nicht verstehen konnte.

Diese Sitzung bewies, dass Engel uns auf unseren Lebenswegen helfen wollen, damit wir in diesem Leben unser größtes Potenzial erreichen und das meiste aus unseren Lebenserfahrungen herausholen können.

***

Die Hilfe der Engel erstaunt oft sogar mich. Als ich eine Sitzung für eine junge Frau namens Sarah abhielt, wurde es ganz schnell sehr emotional. Ich spürte sofort die Engel um mich herum. Es gab eine große Unsicherheit in Bezug auf Selbstbewusstsein und Liebe und ich spürte, dass Sarah sich unbedingt selbst etwas verzeihen musste. Die Engel zeigten mir ihre Aura. Sie war grün. Eine grüne Aura bedeutet Zugänglichkeit. Sie kommt vom Herzen und zeigt an, dass sich jemand kümmert. Sie zeigt, dass diese Person altruistisch agiert, ohne zwei Mal darüber nachzudenken – es sind gebende Seelen, die für andere Menschen Zeit und Geduld aufbringen. Daher war Sarah eine Person, die sich kümmerte, aber es gab eine große Traurigkeit in ihrem Herzen. Die Engel sagten, sie sei seit dem Tod eines Kindes nicht mehr zur Ruhe gekommen: „Sie war ihrem Mann untreu, seitdem sie ihre Tochter an die Geistwelt verlor. Sie sucht nach Glück, aber sie wird es nicht auf diesem Weg finden. Heilung muss von innen kommen. Bevor sie nicht weiß, dass ihr Kind in der Geistwelt sicher ist, wird sie niemals zur Ruhe kommen."

An dieser Stelle brachte der Engel die Energie eines Kindes in den Raum und sagte: „Millie ist hier!"

Sarah wurde sehr weinerlich und sagte: „Das ist sie, so wurde mein Baby genannt!"

Ich wurde von diesen Ereignissen ebenfalls ergriffen und begann zu weinen. Eine Mutter mit ihrem Kind zu vereinen, damit die Frau endlich in dem Wissen weitermachen kann, dass ihr Kind in der Geistwelt sicher ist, war eine kraftvolle Erfahrung.

Sarahs Engel wollte ihr Herz heilen, aber sie musste wissen, dass der Tod ihrer Tochter nicht ihre Schuld war und dass sie nicht den Schmerz des Verlustes durch die Schuld ersetzen musste, die daher rührte, dass sie untreu war. Ihr Engel leitete sie an, die

Unterstützung ihres sie liebenden Mannes anzunehmen, anstatt ihn wegzustoßen. Und sie gab zu, dass sie ihn innig liebe, aber nicht gewusst habe, wie sie mit ihrem Kummer umgehen solle.

Dank der Engel lernte Sarah, dass sie mit ihrer Tochter an der Seite und in ihrem Herzen weitermachen konnte.

***

Ally war eine Frau, die einen Sitzungsabend für ihre Freunde veranstaltete. Sie war die Letzte in der Gruppe, die drankam. Ich hatte gleich das Gefühl, dass diese Sitzung sich von den anderen sehr unterscheiden würde, und bat sie, mir nur mit „Ja" oder „Nein" zu antworten.

Die Engel erzählten mir, dass Ally eine sehr unternehmungslustige Person war, die auch die großartige Fähigkeit hatte, in allen Situationen absolut ehrlich zu sein. Sie war ein schlichter Mensch und legte keinen großen Wert auf materielle Dinge. Ein erstaunlicher blauer Engel stand an ihrer Seite, der mir erzählte, er sei der Engel der Wahrheit. Als ich das Ally mitteilte, sah sie eher skeptisch aus, aber als ich weitersprach und sagte, der Engel sei hier, weil ihr Sohn Unterstützung und Ermutigung brauche, war sie gleich viel überzeugter.

Als ich versuchte, mehr über Allys Leben herauszufinden, kamen die Informationen durcheinander und bruchstückhaft. Ally wartete geduldig, während ich sowohl mit meinen eigenen Engeln als auch mit ihren Engeln sprach und versuchte herauszufinden, was los war. Sie unterbrach mich und sagte, dass sie nicht wirklich für sich selbst hier sei, dass sie aber mehr über ihren Sohn hören wolle. Sie wollte wissen, was als Nächstes für ihn anstand.

Als ich die Engel danach fragte, brachten sie mich in einen Gerichtssaal, und ich konnte mich selbst sehen, wie ich zu Unrecht angeklagt wurde. Engel benutzen mich bei einer Sitzung oft als Stellvertreter, damit ich eine Ahnung davon bekomme, was geschieht. Ich hatte das Gefühl, als gäbe es ein Problem in Zusammenhang mit dem Leben von Allys Sohn, sowohl beruflich als auch in Bezug auf ihn selbst, der gefühlsmäßig mit einer unreifen Frauenfigur verbunden war. Es stellte sich heraus, dass ihm ein sexueller Angriff auf eine Arbeitskollegin vorgeworfen wurde, während die zwei in Wirklichkeit zusammenkamen, als sie betrunken waren.

Der Engel der Wahrheit kam zurück mit dem Geist einer Frau namens Rosie. Sie wollte Ally versichern, dass ihr Sohn nicht das getan hatte, wessen er anklagt war, und dass die Gerechtigkeit siegen würde. Alles wurde viel klarer und Ally war erleichtert von dem, was man ihr sagte.

Einige Wochen vergingen, bevor ich eine E-Mail von Ally bekam, in der sie mir mitteilte, dass alles gut ausgegangen war und dass ihre Familie jetzt angstfrei auf dem Vormarsch in die richtige Richtung war.

***

Vor kurzem hielt ich eine Sitzung für eine Frau namens Eileen ab, die einen heiteren, herzerfrischenden Charakter hatte. Sie war eine kurvenreiche Frau mit Brille und langem, natürlich gelocktem, blondem Haar.

Ihr Engel erzählte mir, dass ich die Information weitergeben sollte, dass sie ihr Leben immer für andere gelebt hatte. Sie hatte ihr Leben damit verbracht, anderen zu dienen, und sie stellte stets sicher, dass sich um jeden gekümmert wurde. Ich sagte: „Sie sind jemand, der zu allem ‚Ja' sagt, oder?" Als sie „Ja" antwortete, mussten wir beide lachen!

Ich sah liebevolle pinkfarbene Engel zu uns in den Raum kommen und ich konnte auch zwei männliche Geister bei Eileen sehen. Mir wurde durchgegeben, dass einer ihr Vater war und der andere Geist ein Kind. Es war in den Himmel gekommen und dort zu einem jungen Mann herangewachsen. Beide hießen Robert.

Als ich die Engel fragte, warum sie Eileen zu mir gebracht hätten, antworteten sie mir, sie wollten ihr bei ihren Ängsten und ihrer Schuld als Mutter helfen. Es stellte sich heraus, dass der kleine Robert verstarb, als Eileen einen Schwangerschaftsabbruch hatte.

Die Engel sagten: „Das Universum und dieses Kind verurteilen Eileen nicht, sie verurteilt sich selbst. Wir wissen, dass dies viele Probleme in ihrem Leben verursacht hat, auch an ihren Fortpflanzungsorganen. Damals hatte sie sich noch nicht bereit dazu gefühlt, Mutter zu sein, aber diese Angst und Schuld hielten sie davon ab, in ihrem späteren Leben ein Kind zu bekommen."

Während sich ihre Augen mit Tränen füllten, gestand Eileen, dass dies alles einen Sinn ergebe. Sie war noch nicht so weit, Mutter zu werden, als sie mit Robert schwanger war. Und als sie schließlich einen Partner traf, mit dem sie eine Familie gründen konnte, litt sie im Alter von neunundzwanzig Jahren an einer verfrühten Menopause, die ein weiteres Baby verhinderte.

Die Engel erkannten ihre Fähigkeit an, zu lieben und andere zu versorgen, die Eileen jeden Tag in ihre Arbeit steckte und mit der sie nach ihrer älteren Mutter sah. Obwohl sie immer gehofft hatte, selbst einmal Mutter zu werden, war Eileen nun in der Lage, sich selbst zu verzeihen und in dem Wissen weiterzumachen, dass es dem Geist ihres Babys gut ging. Sie hatte immer das Gefühl gehabt, sie hätte ihm diese Welt verwehrt, doch nun wusste sie, dass er nur in einer anderen Welt war, wo er wuchs, sich entwickelte und sie führte, wie er es auch getan hätte, wenn er auf dieser Welt wäre.

Es war eine sehr gefühlvolle Sitzung und sie brachte sehr viel Heilung. Eileens Vater Robert kam dann mit aller Macht durch und brachte die Sache auf den Punkt. Er sah auf seine Armbanduhr, denn es war in dieser Sitzung schon recht spät geworden!

„Ihr Vater war ein richtiger Spaßvogel, oder?" Ich lachte und Eileen bestätigte, dass dies stimme.

Er wollte, dass Eileen ihrer Mutter sagen solle, dass er noch immer bei ihr sei und dass sie langsamer tun solle. Als ich fragte, warum diese Botschaft wichtig sei, wurde mir gesagt, dass sie an einer Angina pectoris litt und oft in Panik verfiel. Wenn sie einfach nur ihre tägliche Arbeit langsam ein wenig herunterfahren würde, würde sie sich nicht so über alles aufregen.

Eileen freute sich, diese Botschaft an ihre Mutter weitergeben zu können, die überglücklich war, von ihrem Ehemann einen Rat erhalten zu haben – der einzigen Person, auf die sie hörte. Einen Großteil ihres Lebens hatte sie damit verbracht, sich selbst zu beschäftigen, damit sie ihre Einsamkeit nicht spürte. Es war eine große Erleichterung für sie, zu wissen, dass ihr verstorbener Mann noch immer bei ihr war.

***

Die Verbindung zwischen Eltern und Kindern ist natürlich oft eine der engsten. Aber ich habe auch einige Sitzungen abgehalten, in denen diese Verbindung schwierig war, um es einmal vorsichtig auszudrücken. In der Tat habe ich in all den Jahren mit vielen Missbrauchsfällen zu tun gehabt. Einer, der mir besonders in Erinnerung geblieben ist, war der einer Frau namens Shirley.

Als sich Shirley zu ihrer Sitzung hinsetzte, wusste ich schon, dass sie mir meine Arbeit schwer machen würde, denn sie gab nichts von sich preis. Sie hatte eine starke rote Aura, die zeigte, dass sie niemals zu viel von sich verraten wollte. Sie war so geworden, weil sie sich selbst schützen wollte.

Als ich die Engel fragte, wie dieser Abwehrmechanismus entstanden war, erzählten sie mir, der Grund sei eine gewalttätige Beziehung, die sie zu ihrem Vater gehabt habe. Ich wusste, dass ich damit direkt in kaltes Wasser gestoßen worden war, aber ich musste das Problem direkt ansprechen. Es überraschte sie und leise sagte sie: „Ich dachte, Sie würden mir das etwas erleichtern."

Die Engel erzählten mir, dass ihr Vater bei uns sei und sich dafür entschuldigen wolle, dass er hier auf der Erde seine Tochter missbraucht habe.

„Ich habe bereits daran gearbeitet", sagte Shirley, „mit Beratern und anderen Fachleuten, aber ich hatte immer das Gefühl, ich käme damit nicht voran, bevor ich nicht von ihm gehört hätte."

Während die Sitzung weiterging, kam die Energie von Shirleys Mutter aus dem Himmel in den Raum. Die Engel sagten mir, dass sie sich bei ihr entschuldigen wollte, weil sie Shirley nicht unterstützt oder ihr geglaubt hatte. Sie war einfach nicht in der

Lage gewesen, der Sache ins Gesicht zu sehen, mit dem Ergebnis, dass alles unter den Teppich gekehrt wurde.

„Das ist so wahr", bestätigte Shirley traurig.

Die Engel fuhren fort, dass diese Sache Shirley ihr ganzes Leben lang verfolgt und dass sie als Folge davon niemals eine sichere und liebende Beziehung erlebt hatte, obwohl sie sich eine solche Beziehung verzweifelt gewünscht hätte.

„Das ist auch wahr", gab sie zu.

Die Engel zeigten mir Shirley in einer Beziehung mit jemandem, aber als ich nach dem Mann in meinem Kopf suchte, hatte ich den Eindruck, er wäre nicht am rechten Ort. Er trug einen Ring an seinem Finger und ich wusste, dass er nicht mit Shirley verheiratet war – sie hatte ein Verhältnis mit einem verheirateten Mann. Als ich ihr diese Information gab, nickte sie erneut.

„Sie hat so Angst vor einer Verbindung, dass sie sich von Menschen angezogen fühlt, die keine Verbindung eingehen können", sagten die Engel dann.

Das alles ergab einen Sinn.

Die Erscheinung von Shirleys Vater kam zu den Engeln dazu, als wir dann die Fesseln lösten. Während wir das taten, kam mir der Name „Danny" in den Sinn.

„So hieß mein Vater!", freute sich Shirley. „Jetzt weiß ich, dass er wirklich da ist!"

Nachdem wir die Fessel gelöst hatten, vergab Shirley sich und ihren Eltern. Die Engel leiteten sie an, mit einigen Affirmationen und Gebeten an ihrer Eigenliebe zu arbeiten, was ihr dabei helfen sollte, ihr Leben neu zu beginnen. Es war ein schönes Ende einer traurigen Geschichte.

***

Die folgende Sitzung erwies sich als eine der berührendsten, die ich jemals abgehalten hatte. Sie war für eine Frau in den Fünfzigern namens Marie.

Als sie das Zimmer betrat, waren alle Geister und Engel um sie herum besonders darauf bedacht, die Sitzung zu beginnen. Sie sagten mir, dass Marie in der Nähe eines Krankenhauses lebte und zeigten mir Govan, eine raue Gegend der Arbeiterklasse in Glasgow. Dann informierten sie mich darüber, dass Marie dort aufgewachsen war. Im weiteren Verlauf sagten sie mir, dass ihr Ehemann eine harte Zeit wegen seiner Arbeit gehabt hatte, aber dass gute Zeiten vor ihm liegen würden. Auch hier gaben sie mir geographische Angaben darüber, wohin er jeden Tag gependelt war.

Ich fragte, ob es einen Geist gebe, der mit Marie Kontakt aufnehmen wolle, und die Engel brachten mir ihre Großmutter. Ich spürte, dass sie viel mit Maries Erziehung zu tun und ihr alles beigebracht hatte, was sie wusste. Die Engel brachten dann Maries leibliche Mutter und zeigten, dass zwischen ihnen eine Distanz existierte, weil sie nicht immer offen mit ihrer Tochter gesprochen hatte. Marie sagte, dass es eine Menge gebe, worüber die beiden niemals miteinander geredet hätten.

An diesem Punkt wünschten die Engel, dass ich etwas mache, was ich „Elternheilung" nenne, um Marie bei all dem Schmerz und den negativen Gefühlen im Zusammenhang mit ihrer Mutter zu helfen. Sie erzählten mir ihre Geschichte: Ihre Mutter war ein unverheiratetes Mädchen von nur siebzehn Jahren gewesen, als sie in den 1950ern schwanger geworden war. Sie wurde weggeschickt, um das Kind zu gebären, und als sie zurückkam, übernahm ihre eigene Mutter, der Geist, mit dem ich zuvor gesprochen hatte, die Mutterrolle bei dem Kind. Bei dieser Sitzung wurden viele Gefühle frei und Maries Mutter erwies sich als Geist als gesprächiger, als sie es jemals auf dieser Ebene gewesen war.

Am Ende der Sitzung bemerkte Marie, dass sie niemals wirklich wusste, wer eigentlich ihr Vater war. Als ich die Engel danach fragte, antworteten sie sofort: „Samuel."

Als ich Marie diesen Namen nannte, war sie schockiert. Sie zog eine alte Fotografie heraus und sagte: „Das ist Samuel. Ich habe immer vermutet, dass er mein Vater wäre, aber niemand hat das jemals bestätigt. Ich trage das mit mir herum, weil ich immer gehofft hatte, dass ich das eines Tages herausfinde – und nun habt ihr mir das bestätigt."

Elternheilung

Dieses Verfahren nutze ich, wenn jemand Probleme mit einem Elternteil hat. Dieser Elternteil kann auf der Welt oder im Himmel sein – es funktioniert so oder so. Es ist hilfreich, wenn man seinem Elternteil vergeben will oder einem der Elternteil etwas vergeben soll. Sie können es auch dazu verwenden, Situationen mit jedermann zu klären, allerdings benutze ich es speziell für die Arbeit mit Eltern.

Stellen Sie sich in Ihren Gedanken vor, dass Sie gegenüber ihrem Elternteil in einem Raum mit netten, bequemen Sofas sitzen.

Beginnen Sie in Gedanken, liebevoll zu diesem Elternteil zu sprechen und ihm alles zu vergeben, was jemals zwischen Ihnen geschehen ist. Wenn Sie sich selbst Vergebung für etwas wünschen, dann stellen Sie sich ihren Elternteil vor, wie er Ihnen Ihre Handlungen vergibt.

Sobald Sie sich alles von der Seele geredet haben, bitten Sie die Engel, die Fesseln zu lösen, die Sie an diese Situation binden.

Sagen Sie in Gedanken: „Ich lasse alles los, was nicht mehr meinen Zwecken dient. Ich bin frei."

Sobald Sie das Gefühl haben, dass das Gewicht von allem, was sie belastet hat, von ihren Schultern genommen ist, umarmen Sie Ihren Elternteil. Umgeben Sie sich beide mit einem liebevollen Licht. Sie wissen tief in Ihrem Herzen, dass Sie wahrhaft vergeben haben und dass Ihnen alle vergangenen Verletzungen vergeben worden sind.

Sie können dann sagen: „Ich bin geheilt. Du bist geheilt. Wir sind geheilt."

12
Unsere Verstorbenen

Ich bin mir stets sehr bewusst, dass die Menschen mich oft in Zeiten fast unerträglicher Traurigkeit aufsuchen. Das sind die Zeiten, in denen ich mich glücklich schätze, Botschaften weiterleiten zu können, die trösten und unterstützen.

Ich erinnere mich an eine Frau namens Cathy, die mich aufsuchte, als sie eine sehr schlimme familiäre Situation durchlebte. Ihre Ehe war an einem Tiefpunkt angelangt und sie hatte keinerlei Selbstbewusstsein mehr. Als ich mit ihrer Sitzung begann, wurde sie von Engeln umringt, die sie mit Licht überschütteten und so versuchten, die Last zu erleichtern, die auf ihren Schultern lag.

Ich fragte nach der Wurzel all ihrer Spannungen und warum Cathy das Gefühl hatte, alles sei hoffnungslos. Sie sagten mir, dass sie mit ihrem Wunschkind eine Fehlgeburt erlitten hatte und darüber nicht hinwegkam. Sie wollten sie wissen lassen, dass sie von Liebe umgeben war, aber sie war nicht in der Lage, das zu sehen.

Sie brachten die Energie des Kindes zu uns und verrieten mir, dass es ein Mädchen war, das den Namen Holly erhalten hätte. Cathy bestätigte, dass sie ein Kind verloren habe, und als sie den Namen der Kleinen hörte, brach sie in Tränen aus und bestätigte auch, dass dies in der Tat der Name war, den sie für sie ausgesucht hatte. Obwohl es eine sehr emotionale Sitzung war, fühlte sie sich durch die Tatsache beruhigt, dass der Geist ihres wunderschönen Babys bei den Engeln war.

Obwohl ich niemals das gefühlsmäßige Trauma unterschätze, das Menschen erleben, die einen ihrer Lieben verlieren, glaube ich doch, dass die Liebe der Engel und ihre Fähigkeit, uns diese Verstorbenen als Geist zurückzubringen, ein wirkungsvoller Weg ist, sicherzustellen, dass wir nie wieder einen wirklichen Verlust erleiden.

***

Vor kurzem besuchte mich eine Frau namens Lisa für eine Sitzung. Sie erzählte mir, dass sie bereits vor drei Jahre bei mir gewesen war, aber ich konnte mich nicht an sie erinnern. Wir waren beide sehr gespannt darauf, ob ich ihr wohl die gleichen Dinge wie damals erzählte oder ob es dieses Mal anders werden würde.

Die Engel kamen sehr schnell zu ihr und zeigten mir, dass sie ein großer Familienmensch ist. Sie erzählten mir von ihrer Liebe zu ihren zwei Söhnen und dass sie die beiden sehr beschützt, besonders im Moment. Ich hatte den Eindruck, dass aus irgendeinem Grund ein großer Druck auf ihr lastete, und die Engel sagten: „Sie bearbeitet gerade ihre Vergangenheit. Das ist eine sehr aufwühlende Zeit, jedoch haben alle schwierigen Momente ihren Sinn. Sie sind für das höchste Gut von allen, die daran beteiligt sind."

Lisa hatte den Eindruck, dass dies einen Sinn ergab, aber sie war über die kryptische Natur dieser Botschaft unglücklich.

Dann zeigten mir die Engel Lisas Vergangenheit und ich war völlig unvorbereitet auf das, wovon ich nun Zeuge wurde. Ich sah ein schreckliches Bild von ihr, wie sie als Kind von ihrem Großvater missbraucht wurde. Ich spürte, dass der alte Mann noch immer am Leben war, was mir bestätigt wurde. Lisa sagte mir, dass sie derzeit einen Prozess gegen ihn führt. Die Engel erzählten mir: „Lisa macht das, um ihre Söhne zu schützen – sie sollen nicht durchmachen müssen, was sie durchgemacht hatte."

Als ich diesen Kommentar an Lisa weitergab, stimmte sie mir zu. „Mein Großvater missbrauchte mich und andere", sagte sie. „Es hat sich nun der Kreis geschlossen und jemand hat versucht, in seine Fußstapfen zu treten."

Die Dinge wurden sehr gefühlsbetont, bis uns dann der Geist einer Frau namens Mina von den Engeln gebracht wurde.

„Das ist meine Großmutter", sagte Lisa. „Frag sie, ob sie gewusst hatte, was er mit mir gemacht hat."

Ich tat das und erzählte Lisa: „Ihre Großmutter hatte keine Ahnung – es war ihr überhaupt nicht bewusst, was los war, und sie hat keines der Anzeichen verstanden. Sie wünscht sich so sehr, sie hätte es gewusst, damit sie Sie hätte beschützen können."

Der Geist von Lisas Großmutter ließ Liebe und Unterstützung in das Herz ihrer Enkelin fließen und wollte, dass sie das Richtige tut, in der Hoffnung, andere könnten vor dem gleichen Grauen bewahrt werden. Lisa erzählte mir, dass ein Familienmitglied damit begonnen hatte, sich Kindern gegenüber unangemessen zu verhalten, und sie wollte das nicht zulassen. Es musste verhindert werden. Die Engel ermutigten sie, für ihre Familie stark zu bleiben und diese alte Angelegenheit für immer zu ändern. Sie zeigten mir, dass die Gerichtsverhandlung bald stattfinden würde und dass alles damit geregelt werden würde. Das war eine große Erleichterung für Lisa, die einfach nur wollte, dass alles vorbei war. Sie stand den Rest des Falles in der Gewissheit durch, dass sie von ihren Engeln unterstützt wurde.

***

Ich wurde einmal von einer Frau angerufen, die Jackie hieß und eine private Sitzung buchen wollte. Sobald wir miteinander am Telefon sprachen, erschienen mir ihre Engel. „Du musst für diese Frau so schnell wie möglich eine Sitzung abhalten", sagten sie mir.

Im Vertrauen auf diese Botschaft legte ich Wert darauf, noch für die gleiche Woche eine Verabredung mit Jackie zu treffen. Dann teilten mir die Engel mit, ich solle ihr sagen, dass alles geregelt werden würde, obwohl sie gerade großen Kummer habe: „Sie mag das Gefühl haben, sie hat genug von allem, aber alles wird sich auflösen."

Nachdem ich diese frühe Verbindung erhalten hatte, wusste ich, dass es eine sehr intensive Sitzung mit Jackie werden würde. Ihre Engel kamen schnell dazu und zeigten mir andauernde Streitigkeiten zwischen ihr und ihren Familienmitgliedern. Ich hatte das Gefühl, als würde sie wie ein Außenseiter behandelt werden, und jeder attackierte sie, denn sie war ein leichtes Ziel.

Im weiteren Verlauf der Sitzung konnte ich Geister sehen, die darauf warteten, sich zu uns zu gesellen. Die Engel wollten Jackies Vater Tommy bringen. Er war ein liebenswürdiger Mann, der mit einem Whiskey in der Hand zu uns kam. Er wollte seine Liebe zu seiner Tochter mitteilen und seine Liebe seiner Ehefrau senden, aber ich merkte, dass die zwei Frauen ihre Probleme miteinander hatten. Zu Tommy kam noch eine Frau dazu, die die Großmutter von Jackie zu sein schien und die ebenfalls ihre Liebe und ihre Unterstützung schenken wollte.

Die Engel erzählten mir, dass Jackie tätlich angegriffen worden war und ihr Vertrauen in ihre eigene Sexualität war erschüttert. Sie wollten dabei helfen, diese Seite von ihr zu heilen. Mir wurde erzählt: „Sie wurde auf den Kopf geschlagen und danach missbraucht." Jackie bestätigte, dass dies wirklich passiert war. Ich leitete alle Informationen weiter, wie auch den Wunsch der Engel, ihr zu helfen. Sie müsse sich von diesem Teil ihres Lebens lösen und ihn hinter sich lassen. Wenn sie dies zuließe, würden schöne Dinge folgen.

Es war eine große Herausforderung, Jackie in eine positive Stimmung zu bringen. Sie hatte wirklich das Gefühl, dass sie ein schlechter Mensch sei und dass sie zu nichts und für niemanden gut genug sei. Während ich mit ihr sprach, saß sie mit einer Kapuze auf dem Kopf da, die stets ihr ganzes Gesicht verdeckte. Sie hielt es nicht aus, sich selbst anzusehen, und wollte dies auch niemals jemand anderem erlauben.

Die Engel sagten mir, ich müsse ihr dabei helfen, ihr Selbstvertrauen wiederzugewinnen.

Ich stellte Jackie vor den Spiegel in meinem Büro und überredete sie, ihre Kapuze abzunehmen. Sie hatte so ein liebes Gesicht! Ich ermutigte sie zu erkennen, wie schön sie war.

Als sie sich selbst im Spiegel ansah, sagte ich: „Die Engel wollen, dass du dich selbst liebst. Sie glauben an dich und lieben dich. Dein Vater wollte dich daran erinnern, wie sehr er dich ebenfalls geliebt hat. Wenn du dich selbst in einem positiven Licht sehen kannst, dann können das auch die anderen. Was du annehmen musst, Jackie, ist, dass niemand gegen dich ist. Du musst den Gedanken loslassen, dass sie es sind. Du kannst das."

Ich bat sie, mir etwas an sich zu nennen, das sie mag.

„Ich glaube, ich mag meine Augen", brachte sie widerwillig hervor. „Ein bisschen."

Ich fragte, warum.

„Sie haben eine ganz nette Farbe", murmelte sie.

„Sie sind wunderschön!", sagte ich ihr. „Hast du jemals zuvor so tiefblaue Augen gesehen?"

Ich konnte den Ansatz eines Lächelns erkennen.

„Weißt du, du hast wunderschöne Seelenqualitäten", teilte ich ihr mit. „Glaubst du, dass du Liebe verdienst, Jackie?"

Sie zuckte mit den Schultern.

Ich fragte sie noch einmal.

Sie zuckte noch einmal mit den Schultern.

Ich fragte sie noch einmal. Ich war freundlich, aber sie wusste, dass ich nicht aufgeben würde.

„Ja, ja, ich glaube das – tief in mir", gab sie schließlich zu. Es war fast so, als wäre es ihr peinlich, das auszusprechen.

„Dann musst du das auch fühlen. Das ist alles, was du tun musst", sagte ich ihr. „Sieh dir selbst in die Augen und sage: ‚Du hast immer das Beste gegeben, Jackie. Ich liebe dich, Jackie.'"

Jackie fand diese Übung sehr schwer, aber sie tat es.

Einige Monate später rief sie mich an und erzählte, viele Dinge seien aus der Versenkung aufgetaucht. Es sei hart gewesen, dass könne sie nicht abstreiten, aber indem sie sich nur auf das Gute konzentriere, habe sie ausgeharrt und auf ihre Engel gehört. Sie hatten ihr gesagt, dass dies eine Übergangsphase war, in der alle Blockaden und negativen Energien freigesetzt wurden, so dass sie ohne Angst weitergehen konnte. Es war eine Erleichterung für sie, dass sie auf dem Weg war, frei zu sein.

***

Eines Tages führte ich eine Lesung für eine Frau durch, die viele Verwandte auf der anderen Seite hatte. Die Engel brachten ihr ihre Eltern, Großeltern und viele andere. Sie liebten diese Frau, Hilary, weil sie absolut an ihre Existenz glaubte und gelegentlich zu ihnen betete. Sie sagte mir, dass ich ihr erstaunliche Details erzählt hätte, aber es gebe eine Person, von der sie viel lieber etwas gehört hätte. Ich kann niemals etwas versprechen, aber ich bat die Engel um Hilfe. Ich hörte das Wort „loo" und Hilary rief: „Ja, das ist sie, das ist Lindy Loo!"

Die Engel brachten eine im Herzen jung gebliebene und lebenshungrige Persönlichkeit, die in der Lage war, jeden zu beruhigen. Sie war eine Freundin von Hilary. Ich sah, dass sie viel gelitten hatte, bevor sie an einem Krebsgeschwür in der Magengegend starb. Hilary war es sehr schwergefallen, sie in ihren letzten Tagen zu besuchen, und Lindy Loo wollte, dass sie weiß, dass sie ihr nichts nachtrage. Sie zeigte mir dann einen schwarzen Pudel namens Cassie. Es schien, als würde Hilary nun für den Hund sorgen, und Lindy Loo war überglücklich, dass ihr Haustier und ihre Freundin zusammen waren und aufeinander aufpassten.

Manchmal ist es so schön, ziemlich unkomplizierte Sitzungen zu haben – dann erinnere ich mich daran, was ich eigentlich tue, und frage mich, wie ich eigentlich dazu komme, die Gespräche mit Engeln als „unkompliziert" zu bezeichnen!

***

Ich ging kürzlich eine Frau besuchen, die Theresa hieß. In ihrem Haus war einiges los und es waren noch zwei Freundinnen zu der Sitzung eingeladen. Ich sprach mit einer nach der anderen in der Küche. Es war ein großartiger, erfolgreicher Abend voller

Liebe und mit vielen Gesprächen, aber für mich gab es dabei keinen großen Aha-Effekt.

***

Als Theresa zu ihrer Sitzung hereinkam, fragte ich sie, ob sie schon jemals vorher bei einem Medium gewesen sei und sie antwortete, dass sie schon viele Sitzungen mit anderen, hier ansässigen Medien gehabt habe.

Ich legte meine Hände auf ihre und sah sofort eine entsetzliche Erinnerung, wie sie als Kind missbraucht wurde. Es war eine der lebhaftesten Visionen, die ich jemals in meiner Laufbahn gesehen hatte, und meine Augen füllten sich mit Tränen und Schmerz.

Theresa war sehr überrascht von meinem Gesichtsausdruck und fragte mich, ob es mir gut gehe. Ich sagte, ja, aber dass ich wusste, dass es von ihrer frühesten Kindheit an missbräuchliche Beziehungen in ihrem Leben gegeben hatte und dass es das war, was sie auf meinem Gesicht gesehen hat. Die Engel erzählten mir, dass die Angst vor Missbrauch Theresas ganzes Leben lang präsent gewesen war und sich in Selbstverletzungen ausdrückte.

Theresa enthüllte ihre Arme und zeigte sie mir. Sie waren über und über mit Schnitten und Hieben übersät. Es war schockierend anzusehen.

„Wir möchten ihr mitteilen, dass es in ihrem Leben Liebe gibt", sagten die Engel, „insbesondere von Seiten ihrer fünf Kinder. Einer ihrer Söhne ist bereits bei uns im Himmel und ist bereit, mit seiner Mutter zu sprechen."

Ein junger Mann von ungefähr zwanzig Jahren kam in den Raum. Ich hatte den Eindruck, dass er noch nicht allzu lange im Himmel gewesen war und offensichtlich wusste, dass er vor seiner Zeit gestorben war. Er nannte mir seinen Namen – nennen wir ihn Kevin. Er und seine Mutter hatten keine gute Beziehung gehabt und mir wurden ihre Streitereien gezeigt.

„Mutti, ich möchte, dass du weißt, dass ich dir vergeben habe", sagte Kevin. „Ich verstehe nun, warum wir uns nicht einfach lieben konnten."

Sobald Theresa die Worte ihres Sohnes gehört hatte, wurde sie furchtbar aufgeregt und daher fragte ich sie, ob sie sicher sei, dass wir weitermachen. Sie hielt meine Hand und nickte.

Kevin fuhr fort: „Mutti, ich weiß, dass du als Kind missbraucht wurdest und dass dies der Grund dafür ist, dass du ein Leben mit Drogen und Alkohol geführt hast, um vorzugeben, dass es niemals passiert ist."

Wir atmeten ein paar Mal tief ein, dann machten wir weiter.

Die Engel erzählten mir: „Der Junge und seine Mutter haben vor seinem Tod nicht mehr miteinander gesprochen und das ist der Grund, warum sie sich derzeit in ihrem Leben so schuldig fühlt. Zu wissen, dass ihr vergeben wurde, wird ihrem Herz helfen zu heilen."

Die Engel wollten anerkennen, dass Theresa damit aufgehört hatte, mit Alkohol und Drogen ihre Gefühle zu verbergen, und dass sie für eine Beratung bereit wäre. Die Angst vor einem Verlust hatte ihr Leben so sehr beeinflusst, dass ihre Kinder unter der wachsamen Beobachtung der sozialen Dienste standen, die regelmäßig prüften, ob sie als Mutter noch tauge. Sie sagte, dass sie vor niemandem etwas zu verbergen habe und sie nur das Beste für ihre verbliebenen Kinder wolle. Obwohl der Verlust ihres Sohnes eine schwere Belastung war, fühlte sie sich motiviert, für ihre Familie stark zu bleiben. In dieser Nacht lernte sie, dass sie nicht alleine war, sondern Unterstützung von der anderen Seite erhielt. Die Engel waren bei ihrem Sohn und drückten die Daumen für ihre Wiedergenesung.

Theresa wollte mit ihrem Sohn sprechen. Sie wollte, dass er weiß, wie leid es ihr tat, wie sie sich verhalten hatte, und wie schlecht sie sich seit seinem Tod fühlte. Seine Energie umgab sie und selbst die Lichter in dem Raum flackerten, als wir miteinander sprachen.

„Er ist bei Ihnen", sagte ich, „und er wird es immer sein. Er liebt Sie und Sie werden immer seine Mutter sein."

Die Engel kamen wieder zurück und fragten, ob Theresa bereit sei, ihre missbräuchlichen Muster zu bereinigen, denen sie erlaubt hatte, ihr Leben zu dominieren. Es stellte sich heraus, dass sie immer in missbräuchlichen Beziehungen war und von ihren Freunden mehrfach geschlagen wurde – es ist nicht von Belang, wer das war, denn jeder Einzelne von ihnen hatte ihr das Gleiche angetan und sie hatte alles Vertrauen in die Männer verloren.

Als sie sich damit einverstanden erklärte, sich in ihr Muster zurückzubegeben und es sich anzuschauen, sah ich, dass auch ihre Mutter Männer gehasst hatte. Ich sah Theresa als kleines Kind, wie sie mit ihrer Mutter zusammen ständig sagte: „Alle Männer sind nichtsnutzige Arschlöcher!" Weil ihre Mutter diese Worte aussprach, glaubte Theresa ihnen fraglos. So wurde das Muster in ihr gelegt.

Ihre Mutter hatte noch immer den gleichen alten Satz gesagt, als Theresa einige Jahre später überfallen und brutal von einem Nachbarn vergewaltigt wurde. Er hatte damit gedroht, sie umzubringen, wenn sie das irgendjemandem erzählen würde. Aus Angst um ihr Leben hatte Theresa geschwiegen, aber der Schrecken des Missbrauchs war ihr geblieben. Sie hatte ihr Leben lang Angst gehabt, dass ihr das wieder passiert, dass sie zurückgewiesen oder schlecht behandelt werden würde – und so geschah genau das. Die Angst hatte schreckliche Beziehungen in ihr Leben gezogen und sie in dem Zustand gelassen, in dem sie im Moment war.

Die Engel und ich arbeiteten unermüdlich zusammen, um sie zurück in ihre Kindheit zu bringen. Ich bat sie, zurückzuschauen und sich selbst anzusehen. Sie sah ein Kind, das sich ungeliebt und unsicher fühlte. Ihr inneres Kind fühlte sich noch immer so. Wir entschieden, das zu ändern. Theresa stellte sich ihr wunderschönes inneres Wesen vor, wie es in pinkfarbene Energie gepackt wurde, die sicher und stark machte.

Sie sagte zu ihrem inneren Kind: „Es tut mir leid, dass ich mich nicht früher um dich gekümmert habe", und das innere Kind antwortete: „Ich verzeihe dir."

Das war für Theresa eine große Erleichterung. Sie begann sich selbst zu verzeihen.

Bei dieser Sitzung geschahen so viele Dinge, dass ich entschied, wir hätten für dieses Mal genug gearbeitet. Theresa fühlte sich wieder mit dem Geist ihres Sohnes in Verbindung und sie wusste, dass sie geliebt wurde und Liebe in diesem Leben verdient hatte. Ich gab ihr positive Gedankenaffirmationen und Gebete, einschließlich eines Gebetes zum Erzengel Michael, so dass sie sich auf das Gute in ihrem Leben konzentrieren konnte. Die Engel ermutigten sie, mit einem Berater weiterzuarbeiten und die Dinge loszuwerden, die sie loswerden musste, wie beispielsweise all ihren Zorn und Groll. Während sie dies tat, konnte sie auch mit ihnen an ihrer Selbstvergebung arbeiten.

Sobald unsere Sitzung vorbei war, sagte ich Theresa, dass ich wünschte, sie würde die Art ändern, wie sie Männer sah. Nicht alle nutzen Frauen aus! Ich sagte ihr, sie solle das Geld für die Sitzung behalten und stattdessen ihre vier Kinder damit verwöhnen. Sie war überrascht und versuchte, mir das Geld trotzdem zuzustecken, aber ich bestand darauf.

Obwohl Theresa noch immer an ihren Problemen arbeitete, sende ich ihr weiterhin das Licht der Engel in der Hoffnung, dass sie ihr inneres Licht findet.

Mit Unterstützung der Engel

Jeder von uns begegnet an bestimmten Stellen im Leben Herausforderungen. Es gibt eine Regel bei den Engeln: Wenn sie uns nicht aus einer Situation heraushelfen können, dann unterstützen sie uns, damit wir sie überwinden können. Wenn eine schwierige Situation für uns als Lektion geschaffen wurde, die wir überwinden müssen, dann werden sie den ganzen Weg über bei uns sein.

Engel können uns auch dabei helfen, das Richtige zur richtigen Zeit zu tun. Viele von uns fragen sich oder machen sich Sorgen darüber, ob sie das Richtige tun. Engel ermutigen uns, dem Fluss des Lebens und unserer eigenen Intuition zu vertrauen. Unsere Intuition ist eine mächtige Kraft und ich glaube, dass sie die meiste Zeit von unseren Engeln geleitet wird.

Wenn Sie sich unsicher sind, ob sie nun an irgendeinem Zeitpunkt das Richtige tun, können Sie die Technik benutzen, die ich Ihnen schon vorgestellt habe, als es darum ging, eine Verbindung mit den Engeln herzustellen. Oder bitten Sie sie, Sie mit Hilfe von Zeichen in die richtige Richtung zu führen. Sie können auch sagen: „Danke, Engel, dafür, dass ihr jetzt bei mir seit und mir den Weg zeigt, der für mich richtig ist."

Wenn alles anfängt, ein wenig glatter als vorher zu laufen, dann sind Sie definitiv auf dem richtigen Weg. Sie können möglicherweise auch spüren, wie Ihr Solarplexus Sie leitet, als würde Sie ein unsichtbares Seil in eine bestimmte Richtung ziehen.

Wenn Sie das Gegenteil empfinden, wenn Ihr Magen sich wie angeschwollen anfühlt und Sie etwas nicht auf einfachem Weg schaffen, wenn etwas links, rechts oder in der Mitte falsch läuft, dann stoppen Sie und halten Sie sich zurück. Folgen Sie immer den Zeichen und Richtungen – wir nennen das göttliche Führung – und die Engel werden Sie ins Glück führen.

13
Ein Glaube im Licht

Die Menschen fragen mich oft, ob es schlechte Engel gibt. Vielleicht liegt es daran, dass wir oft ziemlich schlecht über uns selbst denken und deshalb überlegen, ob auch Engel eine dunkle Seite haben.

Ich bin privilegiert, mit Engeln zu arbeiten, aber diese Arbeit gibt nur sehr wenige konkrete Antworten darauf – es ist eine Welt mit Licht und Schatten –, aber diese eine Frage kann ich kategorisch beantworten: Ich habe niemals einen bösen Engel gesehen oder irgendein Problem mit einem gehabt. Viele Menschen mögen damit argumentieren, dass dort, wo Licht ist, auch Schatten sein müsse. Obwohl das in den meisten Fällen des Lebens Sinn ergibt, trifft es einfach nicht auf Engel zu.

Während es nun keine bösen Engel gibt, möchte ich mich der Frage zuwenden, ob wohl „schlechte" Menschen die Unterstützung der Engel haben. Ich möchte diese Gelegenheit ergreifen, einige meiner persönlichen Ansichten in Bezug auf die Geistwelt und die Hilfe der Engel darzustellen, von denen ich denke, dass sie für Menschen, die nicht mit dieser Art zu denken vertraut sind, schwer zu akzeptieren sind.

Ich glaube, dass „schlechte" Menschen in der Tat Engel haben – Engel können sich nicht aussuchen, ob sie zu negativen Menschen kommen oder nicht. Wir werden alle auf diese Erde gebracht und wir müssen alle unseren Weg wählen. Und der Engel, der uns bei der Geburt zur Seite gestellt wurde, gehört uns, egal was kommt. Die Engel werden keine dunkle oder destruktive Handlung

146

unterstützen, die ihr Mensch ausführt, aber sie können sich auch nicht einmischen. Sie müssen zurücktreten und zusehen.

Dennoch glaube ich auch, dass das Universum auf geheimnisvolle Weise arbeitet. Manchmal schaffen schlechte Dinge bestimmte Situationen oder Lernerfahrungen, die wir zusammen überwinden müssen. Unsere Bestimmung auf der Erde und im Leben ist es, als Seele zu wachsen. Und manchmal müssen wir durch katastrophale Situationen wandeln oder sie sogar selbst schaffen, um wachsen zu können.

***

Anna war ein Mädchen von etwa zwanzig Jahren. Sie öffnete mir die Tür eines Hauses in Greenock, wohin ich für ein paar Sitzungen angereist war. Als ich die Treppen hinaufging, stolperte ich in die Umrisse eines Geistes. Es war ein Mann in dunklem Grau und ich hatte das Gefühl, als würde mir jemand seine Finger in mein Gehirn und meinen Magen stecken. Es war fürchterlich. Ich schloss meine Augen und bat meine Engel, mich mit Licht zu umgeben, um mich vor allen dunklen Mächten in diesem Haus zu schützen.

In diesem Moment erschien mir Kamael und sagte: „Wir sind nicht lange hier, mein Freund, und es gibt einen Grund für deinen Besuch. Stehe es mit uns durch. Es wird einige Veränderungen der Energie um dich herum geben, aber du kannst bald wieder heimgehen."

Ich vertraue meinen Engeln mehr als allem anderen, daher verbrachte ich den Abend genau so, wie ich ihn normalerweise verbringen würde.

Als das erste Mädchen zu seiner Sitzung hereinkam, sagte ich: „Dieses Haus wird von Geistern aufgesucht, oder?"

Sie bejahte das, aber noch kein anderes Medium hätte dies je bemerkt. Ich fand das seltsam, denn für mich war es eine klare Sache.

Das Mädchen setzte sich. Als die Sitzung begann, kam der Geist einer Frau in den Raum, verband sich akustisch mit mir und

147

sagte: „Mein Name ist Mary und ich bin hier, um mit Mary zu sprechen."

Ich fragte das Mädchen, ob es jemanden im Haus gebe, der so heiße. Sie bestätigte, es gebe eine Mary, aber sie habe keine Sitzung gebucht.

„Das ist der Grund, warum du hier bist, Kyle", teilte mir Kamael mit. „Du bist nicht in diesem Haus, um Sitzungen abzuhalten, sondern um mit ihr zu sprechen."

„Ich muss mit ihr sprechen, wenn das möglich ist", sagte ich, „selbst wenn sie keine eigene Sitzung eingeplant hat. Die Engel haben mir gesagt, dass ich sonst keine Sitzungen in diesem Haus abhalten kann, aber ich muss mit Mary sprechen, wenn sie das auch will."

Wenige Momente später betrat eine dunkelhaarige Frau den Raum. Sie war schlank und lächelte, war aber offensichtlich sehr aufgeregt, weil ich sie gerufen hatte. Ich stellte fest, dass ihr das Haus gehörte.

Der Geist von Mary kam noch einmal und die Mary, die bei mir saß, bestätigte, dass es sich dabei um ihre Tante handelte. Ich konnte ihr daraufhin mitteilen: „Ryan ist in Sicherheit. Er ist hier im Himmel."

Diese Botschaft schien die Frau zu erschüttern. Ich sah sie dann in Irland und spürte, dass dies eine wichtige Verbindung war. Ihr folgte das Bild eines Babys in einem Brutkasten, das überall an Schläuche angeschlossen war. Ich beschrieb, was ich gesehen hatte.

Mary sagte: „Das ist Ryan, mein Sohn. Ich verlor ihn kurz nach seiner Geburt in Irland."

Während ich mit Mary sprach, versuchte die Gegenwart des Hausgeistes noch immer, mich zu plagen, aber ich spürte auch einen anderen Geist, der ihn abwehrte. Es war ein wenig wie eine Szene aus einem übertriebenen Thriller.

Der Geist, der versuchte, die dunkle Präsenz auf Abstand zu halten, hieß Isobel. Mary bestätigte, dass es sich um ihre Mutter handelte. Es wurde offensichtlich, dass sie gekommen war, um Mary zu sagen, dass sie sich um sie kümmere und versuche, den Spukgeist fernzuhalten. Sie wollte nur, dass ihre Tochter wusste, dass dort, wo sie jetzt war, alles gut war und dass sie sie vor den niedrigeren Energien schützte.

Mary hatte mir erzählt, dass sie viele Jahr lang von einem unsichtbaren Geist in ihrem Haus schikaniert worden sei. Er habe Lärm gemacht, faulige Gerüche verbreitet und sie manchmal sogar festgehalten. Seit ihre Mutter verstorben war, sah es allerdings so aus, als hätte er aufgehört, sie zu belästigen.

Mary zu beweisen, dass ihr Sohn Ryan mit ihrer Tante und ihrer Mutter im Himmel war, war sehr befriedigend für mich und machte mir Gänsehaut. Als ich die Sitzung beendete, sah ich auf meinen Arm und entdeckte dort ein Tattoo, auf dem „Ryan" stand. Mary bestätigte, dass ihr Partner sich vor kurzem ein solches Tattoo hatte stechen lassen – ein Beweis, von dem nur sie etwas hatte wissen können.

***

Ich hege keinen Zweifel daran, dass wir die Schöpfer unseres eigenen Lebens sind und wir manchmal durch die Art und Weise, wie wir denken, unbewusst Krankheiten erschaffen und es uns schwer machen.

Ich wurde kürzlich von einem Mann namens Gerry gebucht. Es war ein Mann Anfang sechzig, mit hellbraun gefärbten Haaren. Als er in mein Büro kam, sagte er mir zu Anfang, dass das letzte Medium, bei dem er gewesen sei, nur Müll geredet habe und nichts davon sich bewahrheitet habe. Dann überreichte er mir ein Blatt Papier.

„Was ist das?", fragte ich.

„Das sind die Fragen, die ich beantwortet haben will!", antwortete er unfreundlich.

Ich war entsetzt darüber, dass er mir schon in diesem Stadium Informationen offenbaren wollte, indem er mir mitteilte, auf welche Fragen ich mich konzentrieren sollte.

„Macht es Ihnen etwas aus, wenn ich sie erst einmal weglege?", fragte ich und legte das Blatt Papier auf ein Regal.

Ich ziehe es vor, so lange nichts über jemanden zu wissen, bevor ich nicht eine Verbindung mit den Engeln geschaffen habe. Ich musste Gerry erklären, dass ich kein Wahrsager bin und dass ich nicht zu viel voraussage, sondern dass ich es vorziehe, meinen Klienten zu helfen, indem ich das Wohlbefinden schaffe, das sie sich wünschen.

Nachdem ich das getan hatte, schwang ich mich auf Gerrys Engel ein und konnte Energien in grellen Farbkontrasten von rot und grün um ihn herumwirbeln sehen.

„Sie sind wirklich ein dickköpfiger Mann, Gerry, und ich glaube noch nicht einmal, dass Sie das wissen!", sagte ich.

Er lächelte und wartete auf mehr.

Der Engel schaltete sich ein: „Sag Gerry, dass wir da sind, damit er seine optimale Gesundheit wiedererlangt. Wir wollen auch, dass er weiß, dass sein Sohn hier ist, um mit ihm zu sprechen. Als sein Sohn starb, gab sich Gerry die Schuld daran, denn sein Sohn war zu diesem Zeitpunkt alleine. Aber Tony war sich selbst sein größter Feind. Während er hier auf Erden war, wurde er vom Alkohol beeinflusst und rauchte Drogen."

Gerry bestätigte, dass dies alles stimmte. Ich konnte sehen, dass Tony jetzt aber ein anderer Mann war.

„Ihre Gesichtszüge sind seinen sehr ähnlich, Gerry", sagte ich, „vor allem diese eckige Kinnlinie und die Stirn, obwohl sein Haar viel dunkler war als Ihres." Er nickte bei jedem Wort. „Sie sollen wissen, dass es Tony gut geht und er bei Ihnen ist."

„Gerrys andere Kinder sind noch am Leben", sagte der Engel. „Eine seiner Fragen betrifft seine ältere Tochter. Sie ist Kranken-schwester und scheint niemals mit der Arbeit aufzuhören. Deshalb scheiterte auch ihre Ehe – sie verlor ihre Leidenschaft." Gerry war erstaunt. Er erzählte mir, dass eine seiner Fragen gelautet hatte: „Woran scheiterte die Ehe meiner Tochter?" Und die andere Frage lautete: „Geht es meinem Sohn gut und verzeiht er mir?"

Der Engel fuhr fort: „Gerry ist zur Zeit sehr entschlossen weiterzuarbeiten, aber das Universum hat ihm Zeit angeboten, sich selbst zu heilen."

„Ich möchte wissen, warum ich Blut im Urin habe", blaffte Gerry.

Ich erklärte, dass ich kein medizinischer Experte sei, aber mit seiner Erlaubnis könnten wir aus einer mentalen und spirituellen Sichtweise nachschauen, warum das so sei. Er stimmte zu.

„Es ist, weil er stinksauer auf seine Exfrau ist", wurde mir gesagt. „Er hat ihr nie vergeben!"

„Ergibt das Sinn, Gerry?", fragte ich.

„Ja!", antwortete er. „Ich kann ihr nicht verzeihen, dass sie mir mein Haus und mein ganzes Geld abgeknöpft hat. Nun sitze ich auf einer rechtsgültigen Rechnung über 5.000 Pfund und will sie einfach nicht zahlen."

Die Engel ermutigten Gerry, an der Vergebung zu arbeiten, denn wenn er das tun könnte, würde sich das Problem mit seinem Urin auflösen. Er solle dies tun, bevor es in etwas Schlimmeres ausarte, sagten sie.

„Ich habe bereits Zysten um meine Prostata und sie wissen nicht, wie sie sie entfernen können", gab Gerry zu.

„Nun, hier ist die Antwort darauf", sagte ich.

Die Engel erzählten mir außerdem, dass er das Geld habe, um die Rechnung zu bezahlen, er habe es bislang nur abgelehnt, sie anzuweisen. Er gab zu, dass dies der Fall war.

Wie viele andere Menschen auch widersetzte sich Gerry Dingen, die er nicht mochte oder die er nicht akzeptieren wollte. Er hatte sich seine medizinischen Probleme selbst geschaffen, weil er nicht bereit war, seinen Ärger abzubauen. Dies war seine Gelegenheit, zu vergeben und zu einer stärkeren Seele zu werden. Gerry schickte mir nicht lange nach unserer Sitzung eine E-Mail, nachdem er ein Selbsthilfebuch gelesen hatte, das ich ihm zum

Thema Vergebung empfohlen hatte. Er sagte mir, dass er bereit sei, zu verzeihen, loszulassen und weiterzugehen.

***

Die verschiedensten Menschen kommen für Sitzungen zu mir. Ich versuche, über niemanden zu urteilen. Wenn ich jemandem helfen kann, dann tue ich es.

Ich war einmal zu einer Sitzung in das Haus eines jungen Paares eingeladen. Die junge Frau hatte zwei Kinder an den Himmel verloren und wollte wissen, ob es ihnen und anderen Verstorbenen gut gehe. Die Engel boten ihr einige phantastische Beweise, indem sie sowohl die Namen als auch das Alter dieser Geistkinder nannten und sagten, mit wem sie zusammen waren. Ich war überglücklich, hatte aber das Gefühl, dass ich eigentlich aus einem anderen Grund in dieses Haus geschickt worden war.

Dann kam der Partner der Frau, Joe, zu seiner Sitzung herein. Er war Anfang zwanzig, trug einen Trainingsanzug und stellte ein blaues Veilchen zur Schau. Ich dachte: „Oh mein Gott, also bitte…!"

Joe setzte sich und ich schüttelte ihm die Hand.

„Haben Sie so etwas schon einmal gemacht?", fragte ich ihn.

„Ja, ich hatte eine Sitzung auf dem Karneval", antwortete er schroff.

„Nun, ich arbeite anders", erklärte ich, „aber wir werden sehen, was hochkommt."

Ich wusste, dass Joe ein Randalierer war und ich aufpassen musste, was ich sagte, und mir gut überlegen sollte, wie ich die Dinge rüberbringe. Aber ich konnte auch sehen, dass Joe einen Engel an seiner Seite hatte, der wollte, dass er seine Dinge gut macht.

Die Aura oberhalb der rechten Schulter eines Menschen scheint die Eltern zu repräsentieren, die noch am Leben und bei ihnen sind. Bei Joe war sie leuchtend rot. Ich wusste instinktiv, dass dies für seine Mutter stand, denn einen Vater gab es in seinem Leben nicht.

Der rote Dunst über Joes Schulter zeigte, dass sie eigenwillig und willensstark war.

„Sie duldet niemals auch nur irgendeinen Unsinn, oder?", fragte ich und er lachte. Ich fuhr fort: „Die Engel haben mir gesagt, dass sie vor kurzem um dich waren und dass sie dir dabei helfen wollten, mehr aus deinem Leben zu machen. Sie wissen, dass du letzten Monat zwei Mal von der Polizei abgeholt worden bist."

Joe grinste zynisch.

„Ich bin nicht hier, um dich zu verurteilten", fuhr ich fort, „und offen gesagt, möchte ich auch nicht wissen, was du getan hast, aber du musst wissen, dass es sowohl im Himmel als auch auf Erden Menschen gibt, die an dich glauben. Sie möchten, dass du deiner Familie zuliebe das Richtige tust."

„Er kann alles ändern", sagten die Engel. „Wenn wir die kürzlichen Geschehnisse bearbeiten, können wir diesen Mann in eine bessere Zukunft führen. Es wird in den nächsten Wochen eine Gerichtsverhandlung geben und er wird eine Strafe zahlen müssen – das ist seine Chance, weiterzugehen und sein altes Leben hinter sich zu lassen."

Wieder einmal stimmte alles.

Nun musste ich Joe ein paar bittere Wahrheiten mitteilen: „Ich muss leider sagen, dass es da zusätzlich ein paar zweifelhafte Geschäfte gibt, von denen du weißt, dass du dich ihnen nicht anschließen musst."

„Das ist alles, was er weiß", erklärte eine Stimme. Ich sah hoch und sah einen großen, schlanken Mann mit Brille, der hinter Joe stand. Er hatte keine Zähne mehr und rauchte etwas, das wie ein Joint aussah.

„Wer sind Sie?", fragte ich.

„Sag ihm, dass John hier ist", war die Antwort.

Der junge Mann freute sich und sagte: „Das ist mein Stiefvater. Er brachte mir alles bei, was ich weiß!"

John wurde fast erdrückend und forderte: „Du musst damit aufhören, kleiner Mann! Du musst Steven meiden, er ist ein Verräter.“

In diesem Moment bat ich die Engel, sich einzuschalten. Ich hatte keine Lust, in eine derartige Diskussion gezogen zu werden.

„Sag diesem jungen Mann, dass John auf seine Tochter aufpasst und dass er seine Mutter wissen lassen möchte, dass er ihr vergibt und sie jetzt noch immer liebt“, sagten sie.

Es stellte sich heraus, dass John sich mit Joes Mutter verkracht hatte, und zwar einen Tag bevor er an einer Überdosis Drogen verstarb.

„Hast du das Gefühl zu wissen, was gut oder schlecht für dich ist?“, fragte ich Joe.

„Ja, Kumpel, ja“, antwortete er. „Ich werde hart daran arbeiten, ein Vater zu sein, für das Wohl meiner Familie. Ich bin bereit, das alles hinter mir zu lassen.“

Er schien aufrichtig zu sein.

„Versprich es dir selbst, Joe“, sagte ich, „denn du verdienst ein gutes Leben. Zwielichtige Geschäfte bringen dich nirgendwohin – tatsächlich wird es dich um Kopf und Kragen bringen, wenn du auf diesem Weg bleibst.“

„Ich bin bereit für einen Neustart“, erklärte er.

Johns Energie verschwand im Hintergrund und Joe erzählte mir, dass die Information über Steven stimmte – er hatte oft jemanden beschuldigt, um sich selbst zu schützen. Ich ermutigte Joe, mitfühlend zu handeln und Steven künftig links liegen zu lassen, damit er ihm nicht irgendetwas nachsagen konnte. Ich kann nur hoffen, dass er auf mich und die Engel gehört hat – es war eine große Chance für ihn, alles zum Guten zu wenden.

Liebe in eine Situation geben

Wie auch immer eine Situation sein mag, sie kann schlecht gemacht werden, indem man in einer bestimmten Art über sie denkt. Wenn etwas geschehen ist, was Ihnen Sorgen bereitet, dann lassen Sie sich davon nicht unterkriegen. Sie können es mit der Liebe der Engel umgeben.

Alles, was Sie tun müssen, ist, sich die Situation von Licht umgeben vorzustellen (in der Vergangenheit, Gegenwart oder Zukunft), mit allen Beteiligten, Ihnen und allem anderen, was damit zu tun hat. Ich umgebe oft Dinge in pinkfarbenem Licht, denn es erinnert mich an Liebe. Es ist eine gute Farbe für jede Situation.

Dann können Sie sagen: „Danke, Engel, dafür, dass ihr meine Situation mit Licht umgebt und sie jetzt damit auflöst."

Wenn Sie das tun, gehen Sie einen Schritt zurück und erlauben sie den Engeln, sie mit Licht zu umgeben.

Glauben Sie mit aller Kraft, dass die Engel helfen werden.

Denken Sie daran, dass die Engel sich nur dann einschalten können, wenn Sie eine Situation nicht mit Angst umgeben, denn sie können Angst nicht durchdringen. Indem Sie sie mit Licht umgeben und sie mit affirmativen Gebeten an sie weiterleiten, werden sie ihr eine viel positivere Energie geben.

Wenn Sie anfangen, sich an irgendeinem Punkt Sorgen zu machen, dann umgeben Sie die Situation mit goldener und pinkfarbener Energie. Gold repräsentiert das Göttliche und Pink repräsentiert Liebe, daher repräsentieren sie zusammen göttliche Liebe. Auf diese Art und Weise wissen Sie, dass sich die göttlichen Engel um diese Situation kümmern.

14
Immer präsent, immer aufmerksam

Die Kolumne einer Zeitung zu schreiben war eines der aufregendsten Dinge in meinem Leben. Ich hatte so ein Glück, dass ich diese Chance bekommen habe. Viele Menschen schreiben mir jetzt, fragen um Hilfe und geben meistens sehr wenig Informationen über sich preis – was mir nur recht ist, denn ich brauche diese Informationen nicht, ich habe ja die Engel, die mir helfen!

Eine Dame schrieb mir bei zwei Gelegenheiten, benutzte aber verschiedene Namen. Die wenigsten Briefe werden abgedruckt, was daran liegt, dass ich enorm viel Post bekomme und nur wenig Platz habe, aber wie es der Zufall so wollte, sah diese Frau, Lucy, ihre Briefe zwei Mal gedruckt. Ihre Schwester Anne buchte daraufhin anonym bei mir eine Sitzung, in der sie alles bestätigte, was ich bereits gesagt hatte!

Es war ein wunderschöner Sommerabend, als Anne für ihre Sitzung zu mir kam, und wir saßen am geöffneten Fenster in meinem Wohnzimmer. Eine leichte Brise wehte zu uns herein. Sobald sich Anne gesetzt hatte, verbanden sich die Engel mit mir und ich wusste, dass es viel zu besprechen gab. Die Engel erzählten mir von einem Familienstreit, der in ein riesiges Zerwürfnis mündete. Es hatte Streitereien in Bezug auf Geld und den Besitz eines Hauses gegeben.

Die Engel ermunterten Anne, sich bedeckt zu halten und sich nur auf das Beste zu konzentrieren. Sie sagten mir, dass sie vor kurzem einen Verlust erlitten habe und dass es einen Geist gebe, der seine Dankbarkeit ihr gegenüber ausdrücken wolle.

Sie brachten einen Mann und stellten ihn vor mit den Worten: „Billy ist hier."

Anne begann zu weinen. Billy war ihr Onkel gewesen. Sie hatten sich sehr nahegestanden und sie hatte ihn bis zu seinem Tod gepflegt.

„Billy möchte, dass Anne weiß, dass er ihr das Haus hinterlassen hat und dass sie es haben soll", sagten die Engel. „Rechtskräftige Dokumente legen das fest, daher sollte sie es nicht infrage stellen."

„Das war es, was ich wissen wollte!", schrie Anne auf. Man hatte ihr das Leben schwer gemacht, seit Billy gestorben war, denn er hatte ihr sein Haus hinterlassen. Andere Familienmitglieder hatten gegen diesen Willen Einspruch erhoben, aber sie war seine Krankenschwester gewesen und dies war sein Dank.

In den beiden Sitzungen machten die Engel auch sichtbar, dass Annes Auto mutwillig zerstört worden war. Sie sagten mir, es sei jemand gewesen, der täglich mit Autos zu tun habe und daher wusste, was er tun musste, um es zu manipulieren. Zu meinem Entsetzen war das wahr: Der Motor des Wagens war von einem Verwandten, der als Mechaniker arbeitete, abgeklemmt worden.

Die Engel ermutigten Anne, allen Beteiligten Liebe zu senden. Sie versicherten ihr, dass sich die Dinge danach ändern würden.

Ich habe seither schriftlichen Kontakt sowohl zu Anne als auch zu Lucy und beide haben mir versichert, dass die Dinge jetzt sehr viel besser laufen.

***

In einem anderen Fall erhielt ich zwei Anfragen von Mitgliedern der gleichen Familie in einer Postkiste, und zwar eine von der Tochter und eine von der Ehefrau. Wie ich zufällig diese zwei Briefe aus einer Kiste mit Hunderten von Anfragen herauspicken konnte, erstaunt mich noch heute. Meine Handlung war sicher von den Engeln geleitet – es ging um eine Botschaft, die dringendst weitergeleitet werden musste.

Beide Briefeschreiber baten mich, ihre Namen nicht zu veröffentlichen, da sie sich nicht gegenseitig verärgern wollten. Im Brief der Tochter stand:

Ich schreibe Ihnen diesen Brief, während ich auf den Dienstleistungsauftrag für die Beerdigung meines Vaters schaue. Er hat sich plötzlich und sehr tragisch vor vier Wochen das Leben genommen. Warum, weiß ich nicht, soweit ich weiß, hatte er keine Geldprobleme und keine Depressionen.

Ich vermisse meinen Vater fürchterlich und kann seine Tat nicht akzeptieren. Ich war Papas Liebling und kann mich einfach nicht damit abfinden. Er war eine sehr starke Persönlichkeit. Mein kleiner Junge war sein Stolz und seine Freude, sein bester Freund. Ich quäle mich mit der Frage, was ich hätte tun können, um das zu verhindern, und mehr noch, welche Antworten ich meinem kleinen Jungen geben kann.

Ich hoffe, er hat seine Ruhe gefunden.

Ich liebe ihn so sehr und finde es schwierig, ihn gehen zu lassen. Bitte helfen Sie mir auf irgendeinem Weg. Es wäre toll, wenn Sie dies veröffentlichen könnten, denn dann kann ich es in mein Erinnerungsbuch legen, das ich für meinen kleinen Jungen Murray angelegt habe.

Das war meine Antwort:

Ich bedaure diesen Verlust in Ihrem Leben sehr.

Ich kann sehen, dass dies die Familie hart getroffen hat, wie es jeden anderen auch hart treffen würde, und ich sende Ihnen besondere Engel, die dabei helfen sollen, Ihre Herzen zu heilen.

Ich möchte Ihnen sagen, dass es für mich zu früh ist, um eine ideale Kommunikation mit Ihrem Vater herzustellen; allerdings wurde ich sehr dazu gedrängt, Ihnen zu antworten, denn Sie sind nicht das einzige Familienmitglied, das mir über ihn geschrieben hat.

Ich spüre den Geist Ihres Vaters, er heilt sich selbst und seine Gefühle. Sein größtes Problem im Leben war, seine Gefühle mitzuteilen. Er wusste nie, wie er sich am besten ausdrücken konnte. Es ist wichtig, zu sagen, dass er nun zur Ruhe kommt und sich für das Chaos entschuldigt, das er hinter sich gelassen hat.

Ich möchte Ihnen sagen, dass er Sie wissen lassen will, dass er für immer bei Ihnen ist und dass er von oben auf Sie achtgibt. Er sendet Ihrer Mutter positive Schwingungen, die ihr helfen sollen, die Situation zu überwinden.

Ich möchte Sie mit anderen Familienmitgliedern verbinden und zu einer Einheit zusammenschweißen. Sie alle können sich gegenseitig helfen. Stellen Sie eine Kerze ins Fenster und erzählen Sie Ihrem Vater von Ihren Gefühlen und Ängsten und lassen Sie den Ärger los, den Sie noch auf dem Herzen haben. Es ist wichtig für Sie, dass Sie trauern und Ihre Gefühle herauslassen. Sobald Sie das getan haben, werden Sie Licht am Ende des Tunnels sehen. Ihr Vater begleitet und leitet Sie.

Was Murray betrifft, er sieht ihn und weiß, dass es sehr viele Fragen gibt, die Sie nicht beantworten können. Er wird seinen Großvater im Traum als Geist sehen. Sein Großvater wird ihn wissen lassen, dass es ihm gut geht und er noch immer auf ihn aufpasst. Er will über das besondere „Abzeichen" und über den Namen „James" sprechen.

Es tut Ihrem Vater leid und er hilft Ihnen weiterzumachen. Wir sehen es als unethisch an, die spirituelle Welt zu fragen, warum sich Menschen das Leben genommen haben, daher kann ich Ihnen diese Frage nicht beantworten, aber ich wünsche Ihnen alles Gute.

Einige Zeit später war ich in dem hinteren Raum eines Gebäudes, wo ich manchmal Sitzungen abhalte, als ich den Hauseigentümer zu einer Frau sagen hörte, dass ich da sei. Diese Frau hatte den anderen Brief geschrieben, den ich aus meiner Postkiste gezogen hatte. Sie sagte, dass sie an diesem Tag von diesem Geschäft förmlich angezogen worden sei, aber dass sie nicht wisse warum und dass sie mich treffen wolle. An diesem Tag wurde alles bestätigt, was ich zuvor geschrieben hatte. Das „besondere Abzeichen" war eine kleine Distel gewesen, die sie an den Anzug ihres Mannes geheftet hatte, bevor sie den Sarg schlossen, und James war ein verstorbenes Familienmitglied. Sie war erstaunt, dass ich bereits aufgrund der wenigen Worte, die sie mir geschrieben hatte, so viel wusste.

Ich sollte ihren Ehemann noch kennenlernen, denn eine Weile später kam er wieder durch und er nannte sich dieses Mal John. Es stellte sich heraus, dass der Mann, für den ich zu dieser Zeit eine Sitzung abhielt, sein Schwiegersohn war. John überbrachte sehr ähnliche Botschaften wie zuvor, insbesondere Botschaften für seine Ehefrau, die es sehr hart getroffen hatte, weil sie ihn am Hals aufgehängt gefunden hatte.

Einige Monate vergingen und dieses Mal war es Johns andere Tochter, die zu einer Sitzung kam. Ich hatte Mühe, eine Sitzung für sie abzuhalten. Als ich meine Engel fragte, warum das so war, wurde mir gesagt, dass John mit seiner Frau sprechen wolle. Ich bat die junge Frau, mit ihrer Mutter zu einem anderen Zeitpunkt wiederzukommen. Als ich die beiden an der Tür meines Büros empfing, fiel bei mir der Groschen: Es war die Frau, die ich ein ganzes Jahr zuvor in dem Laden getroffen hatte! Es war für sie an der Zeit, mit ihrem Mann zu sprechen.

In der Sitzung klärten wir so viele Dinge, und sie fühlte sich von ihren Engeln ungeheuer geliebt. Von diesem Moment an fand sie es viel leichter weiterzuleben. Es war nicht leicht für diese liebenswürdige Frau, aber sie wusste, dass ihr Mann angekommen war und sich wohl fühlte.

***

Als Engelflüsterer erhalte ich Woche für Woche Hunderte von Briefen von Menschen, die meine Kolumne und Feuilletons lesen. Ich arbeite auch viel in der Musikszene, aber ich habe vor einiger Zeit festgestellt, dass die Engel alle gleich behandeln, ob sie nun prominent sind oder nicht.

Ich hielt einmal eine Sitzung für eine Frau namens Shaz ab, die eine sehr aufgeschlossene Person mit viel Energie war. Ihr Herz pulsierte mit guter Energie und sie war von echtem Licht umgeben. Ihre Aura leuchtete in Gold.

Nachdem sie mir ihren warmen, freundlichen und unabhängigen Charakter beschrieben hatten, brachten mir die Engel die Erscheinung einer Frau aus der Geistwelt. Es war eine kleine Inderin, die viel lächelte. Sie war selbst eine sehr spirituelle Person, was ich an der goldenen Ausstrahlung ihrer Aura erkannte.

Ich hörte „Joshi" oder etwas Ähnliches, aber Shaz konnte mit dem Namen nichts anfangen. Ich sagte zu meinen Engeln: „Bitte gebt mir den richtigen Namen, damit wir dieser Dame beweisen können, dass es ein Leben nach dem Tode gibt." Dann hörte ich „Baboji", was sie mir als den Namen ihrer Großmutter bestätigte.

Der Geist zeigte mir dann mental ein Bild von Shaz, wie sie von Kopf bis Fuß in Rot gekleidet war. Ich hatte den Eindruck, es war bei einer Hochzeit.

Ich fragte: „Ihre Großmutter ist nicht zu Ihrer Hochzeit gekommen, oder?"

Shaz sagte, nein, das sei sie nicht.

„Sie wollten, dass sie kommt, und sie möchte Ihnen sagen, dass sie bei Ihnen war. Sie sagt, sie hätten etwas Rotes in Ihre Kleidung aufgenommen, um Ihre indischen Wurzeln anzuerkennen, nicht wahr?"

„Ja, das stimmt. Ich hatte eine weiße Hochzeit mit roten Extras", sagte Shaz.

„Ihre Baboji war dabei und sagte, Sie hätten ganz wunderbar ausgesehen", fuhr ich fort und Shaz' Augen füllten sich mit Tränen.

Dann sah ich eine Perle in meinem Kopf. Es stellte sich heraus, dass Shaz auf ihrer Hochzeit die Perlen ihrer Großmutter getragen hatte. Das war für sie eine weitere Erinnerung daran, dass sie von einer immerwährenden Liebe umgeben war.

Die Engel tauchten Shaz in Licht und erklärten, dass sie sich in ihrem Zuhause noch nicht eingelebt habe. Sie erzählten mir, dass sie auch noch immer ungelöste Konflikte mit ihren Eltern habe. Dann zeigten sie mir Kingston-upon-Thames, südwestlich von London und Shaz bestätigte, dass dies ihr Geburtsort war.

Die Engel sagten: „Sie ist nicht wirklich glücklich in Schottland. Eine Rückkehr in den Süden wäre gut und ein Ort mit der Endung ‚on-Sea' wäre wichtig."

Shaz' Gesicht leuchtete auf. „Sie machen Witze!", erklärte sie, „wir versuchen schon seit gut ein paar Jahren verzweifelt, nach Clacton-on-Sea zu ziehen!"

Die Engel sagten mir daraufhin: „Shaz ist Lehrerin und sie hat im Umgang mit Kindern ein gutes Händchen. Sie ist sehr begabt. Es ist wichtig, dass sie bei ihrer Rolle als Lehrerin bleibt, aber für neue Chancen offen ist. Wir werden sie dahin führen, wo sie sein sollte. Es wird ganz in der Nähe von dem Ort sein, zu dem sie sich hingezogen fühlt."

Shaz war überglücklich bei dem Gedanken, in die Nähe von Clacton-on-Sea zu ziehen, und der Tatsache, dass sie ihre Arbeit als Grundschullehrerin dort würde fortsetzen können. Die Engel vermittelten ihr positive Gedankenarbeit, damit sie ihren Umzug zu ihrem Traumort schaffen konnte. Sie sagte, sie habe das Gefühl, als sei eine riesige Last von ihren Schultern genommen und ihr Glaube an ein Leben nach dem Tode sei wiederhergestellt.

15
Göttliche Wesen

Ich fordere die Menschen immer dazu auf, sich daran zu erinnern, dass Engel göttliche Wesen sind – sie werten in keiner Weise und sind nicht nachtragend. Sie unterscheiden sich in ihrem Wesen und in ihrem Lebenszweck, aber sie sind alle Geschöpfe der Liebe. Es ist wichtig, daran zu denken, dass sie innerhalb der spirituellen Gesetze des Universums agieren. Wenn also etwas geschehen soll, wird es auch geschehen, aber selbst wenn die Engel eine Situation nicht ändern können, helfen sie uns dabei, sie durchzustehen.

Eines Abends hatten vier Mitglieder einer Familie Sitzungen bei mir gebucht. Mit dem ersten Familienmitglied, der Mutter, hatte ich Probleme. Das war nicht üblich und daher entschuldigte ich mich vielmals. Aber bei der nächsten Person, der ältesten Tochter, passierte mir das Gleiche. Das war nicht nur sehr merkwürdig, sondern ich wurde auch noch in ein Gefühl überwältigender Traurigkeit gehüllt, das nicht mit der Tatsache zusammenhing, dass hier die Sitzungen nicht „funktionierten". Es gab da etwas, was mir das Gefühl gab, ich sollte aufgeben und gehen. Tatsächlich sagte ich der Familie, sie sollten sich besser ein anderes Medium holen, denn ich bekäme überhaupt keine Botschaften. Dann ging ich nach Hause.

Zwei Monate später traf ich zufällig die jüngste Tochter der Familie, die mich erkannte. Wieder entschuldigte ich mich für das, was damals geschehen war, aber als mir das Mädchen sagte, dass ihr Vater wenige Wochen nach den misslungenen Sitzungen gestorben war, war mir klar, dass dies das Problem gewesen ist.

Engel können nicht ändern, was in Stein gemeißelt ist, und heute weiß ich, dass meine Engel mich und meinen guten Ruf bewahrt haben, weil ich es stets ablehne, jemandes Tod vorauszusagen. Ich glaube fest daran, dass es die Aufgabe eines Mediums ist, Beweise, Beratung und Erkenntnis anzubieten, und nicht, Botschaften von Verlust und Untergang weiterzugeben.

Die Rolle der Engel ist, uns bei allem zu helfen, was in unserem Leben vorgeht. Aber wenn wir uns spezielle Situationen geschaffen haben, in denen wir etwas lernen müssen, oder wenn unsere Reise hier auf Erden endet, dann können sie uns nur durch das hindurchgeleiten, was geschieht. Wenn Sie sich aber in einer lebensbedrohlichen Situation befinden, und es ist noch nicht an der Zeit zu gehen, dann können die Engel Sie retten.

***

Ich wurde vor kurzem von einer Frau namens Nyree konsultiert, die sich seit dem Tod ihres Partners einige Zeit zuvor in diesem Leben völlig verloren fühlte. Obwohl sie kam, um von ihrem Partner zu hören, waren es die Engel, die die Sitzung für sie leiteten.

Zu diesem Zeitpunkt benutzte Nyree Alkohol, um den Schmerz über ihren Verlust und ihre Angst vor Ablehnung zu ertränken. Sie befand sich in finanziellen Schwierigkeiten und stürzte in ein Loch tiefer Verzweiflung. Sie glaubte an Engel und an eine höhere Macht, schaffte es aber nicht, um Hilfe oder um Unterstützung zu bitten. Sie saß einfach da und fühlte sich deprimiert, was sie nicht weiterbrachte.

Bei der Konsultation umgaben die Engel Nyree mit einem glänzenden goldenen Licht und betonten, dass sie wollten, sie sähe sich in einem viel besseren Licht. Sie erzählten mir, dass sie ständig sowohl in ihrem Geist als auch laut sagte: „Warum hilft mir niemand?" Die Engel versuchten die ganze Zeit, sie zu fragen: „Warum hilfst du dir nicht selbst?"

Nyree umgab sich mit Angst und Verzweiflung und nahm chemische Medikamente, die ihr der Hausarzt verschrieb. Die Engel konnten mit ihrer hoch vibrierenden Energie nicht zu ihr hindurchdringen. Daher musste Nyree ihre Lektionen alleine lernen.

Zweifellos wollte Nyree Hilfe. Eines Tages las sie in einem Café die Zeitung und fand dabei die Seite über mich. Sie kam ihr wie gerufen, denn sie fühlte sich davon angezogen und als sie mich schließlich traf, sagte sie, sie habe das Gefühl, als würden wir uns längst kennen.

Durch mich sagten ihre Engel zu ihr: „Wir wollen dich wissen lassen, dass, obwohl du den Tod deines Ehemanns nicht gewählt hast, du doch die Wahl gehabt hast, wie du seitdem lebst. Wir möchten dir dabei helfen, dein Leben zu ändern, aber zuerst musst du wieder zu Kräften kommen."

Die Engel sprachen von etwas, was uns allen klar werden muss – wir alle haben die Kontrolle über unser Leben und wenn wir uns auf deprimierende Gedanken und Gefühle konzentrieren, werden wir uns nur ständig in deprimierenden Situationen wiederfinden. Alle Engel wollen, dass wir uns auf Dinge konzentrieren, die positiver Natur sind.

Nachdem mir das alles gesagt wurde, fügte eine sanfte Stimme hinzu: „Wie ihre herrliche Tochter."

Ich sah nach oben und erkannte dort einen wunderschönen goldenen Engel mit langem Haar, das von einem unsichtbaren Wind bewegt wurde. Mit seinen blassen Füßen schwebte der Engel über dem Boden und die schönsten Flügel hielten ihn in der Luft. Als ich fragte: „Wie heißt du?", antwortete er freundlich: „Sophia. Ich bin Nyrees Schutzengel."

Nyrees Gesicht hellte sich auf. „Meine Tochter ist herrlich! Sie ist so talentiert und stark. Das seltsamste daran ist, dass ihr Konfirmationsname auch Sophia ist!"

Ich glaube, dass schon damals die Engel versuchten, Nyree die Botschaft zukommen zu lassen, dass es Licht für sie gab, aber weil sie sich in ihre Depression zurückgezogen hatte, kam diese Botschaft nie bei ihr an.

Von diesem Moment an war Nyree sehr begierig, mehr über die Engel zu erfahren, und wie sie mit ihrer Hilfe ihr Leben erhellen könne. Ich fragte sie, ob sie bete, und sie sagte, sie habe darüber nachgedacht, aber es nie wirklich getan. Ich nannte ihr affirmative Gebete und den Namen ihres Engels. Mit diesen Dingen ausgerüstet war sie bereit, ein neues, besseres Leben zu beginnen. Sie fühlte sich dazu ermutigt, auf Alkohol zu verzichten und auf ihren eigenen zwei Beinen zu stehen.

Ich habe mittlerweile von ihrer Familie gehört, dass Nyree mit dem Trinken aufgehört hat und stattdessen damit begann, ihre Schuldgefühle zu bearbeiten, und regelmäßig die Engelkarten um Rat fragt. Durch die Liebe der Engel bewegt sie sich mehr und mehr auf einen besseren Lebensweg zu.

***

Vor ein paar Monaten richtete ich einige Lesungen für eine Gruppe von Mädchen aus, die um die zwanzig Jahre alt waren. Ich muss an dieser Stelle ehrlich sein: Ich machte mir Sorgen, als ich ankam, denn das Gebäude hatte mit Brettern vernagelte Fenster und davor hingen ein paar seltsame Gestalten herum. Ich versuchte, mich daran zu erinnern, wie wichtig Mitgefühl ist, und ging nach drinnen!

Ein Strom von Engeln kam durch – es war wunderschön. Das Mädchen, das dort mit seiner Mutter lebte, hatte ein paar Probleme mit ihrem Leben und bei der Arbeit, aber ihre Sitzung verlief wirklich gut. Sie wurde von ihren Engeln ermutigt, nicht aufzugeben, nachdem sie an ihrem Arbeitsplatz schlecht behandelt wurde, sondern eine Klage einzureichen.

„Sie muss den Fall durchstehen", sagten sie. „Das ist eine ihrer ersten Lektionen: Sie muss erkennen, dass sie das Beste verdient."

Ich bat sie, mir das näher zu erklären.

„Ihr Vater hatte sich von ihrer Mutter getrennt", erfuhr ich, „und er beendete jeglichen Kontakt zu ihr. Sie fühlt sich zurückgewiesen und hat das Vertrauen in die Menschheit verloren."

Als ich mit der Sitzung weitermachte, umgaben die Engel das Mädchen mit Unterstützung. Sie zeigten mir auch den Geist eines winzig kleinen Kätzchens und die Buchstaben „TI" kamen mir in den Sinn.

„Ist es Tina?", fragte ich.

Sie brach in Tränen aus. „Nein", weinte sie, „es ist Tia, mein Kätzchen. Als ich eines Tages von der Arbeit kam, fand ich sie tot. Ich bin so froh, dass es ihr gut geht."

Meine nächste Sitzung dort war für ihre Freundin Victoria. Victoria war ein nettes Mädchen, das sehr bodenständig war. Man könnte sagen, dass sie keinen Unsinn durchgehen ließ, daher wusste ich, dass ich alles richtig machen musste. Sobald sie hereinkam, sah ich einen riesigen Engel an ihrer rechten Seite, der einen Mann zu ihrer linken anlächelte. Er hielt ein Baby.

Nachdem ich erklärt hatte, was ich tue, fragte ich um Hilfe. Der Engel sagte: „Victoria hat ihr Kind vor drei Wochen verloren. Wir sind hier, um ihr zu sagen, dass alles gut ist und dass das Kind bald zu ihr zurückkommen wird."

Victoria war von der Genauigkeit der Informationen überrascht, die ich ihr übergeben konnte, noch bevor sie sich auch nur hinsetzen konnte!

„Sag ihr, ihr Großvater Tommy ist hier", bat der Engel. „Thomas hatte Victorias Gebete gehört, in denen sie ihn bat, er solle darauf achten, dass die Seele des Kindes sicher im Himmel ankommen würde, und das tat er auch."

Eine Welle der Erleichterung durchlief Victoria. Der Engel fuhr fort: „Das ist nicht ganz die richtige Zeit für Victoria, Mutter zu werden, aber eines Tages wird sie Mutter sein – sie soll das wissen." Der Engel nannte ihren Freund beim Namen: „Stephen hat sich als große Unterstützung für Victoria erwiesen. Wir glauben, dass sie zusammenpassen."

Victoria war glücklich über das, was ihr weitergeleitet wurde, und wollte keine weiteren Fragen stellen. Obwohl die Sitzung nur kurz gewesen war, war die überbrachte Botschaft definitiv toll.

Einige Zeit später, als ich in einem anderen Haus in einer ganz anderen Gegend Sitzungen abhielt, kam Tommy wieder zu mir. Ich erinnerte mich wegen seines frechen Lächelns und seiner unbekümmerten Art sofort an ihn.

Ich sagte zu der Frau, für die ich die Sitzung abhielt: „Sie kennen doch bestimmt ein Mädchen namens Vicky, oder? Ich sehe einen Mann namens Tommy hinter Ihnen und er trägt noch immer ihr Kind mit sich, das ich bei einer anderen Sitzung sah."

Die Kinnlade der Frau klappte in völligem Erstaunen herunter. „Vicky ist meine Tochter!", rief sie aus. „Tommy ist mein Schwiegervater! Ich bin so glücklich, dass Sie mir das erzählt haben – es hat mir restlos bewiesen, dass dies alles Wirklichkeit ist!"

Tommy tauchte noch ein drittes Mal in meinen Sitzungen auf, dieses Mal in einer ganz anderen Stadt und bei einem Gentleman. Ich wusste nicht, was ich tun sollte, daher entschied ich, dem Mann von ihm zu erzählen.

„Das klingt wirklich nach meinem Vater", sagte er, „aber ich glaube erst, dass er hier ist, wenn Sie mir seinen Namen nennen."

Ich sagte ihm, sein Name sei Tommy, und er war erstaunt.

„Das ist mein Vater", bestätigte er.

„Ich kenne ihn!", lachte ich. „Er taucht häufig auf – ich habe Sitzungen für Ihre Tochter und Ihre Frau abgehalten und er wurde dabei so etwas wie mein Kumpel im Himmel."

Der Mann lachte und es war ihm ein Trost, dass sein Vater von oben aus so aktiv auf seine Familie aufpasste.

***

Ich werde nie die Zeit vergessen, als ich bei einer Veranstaltung in Dundee einen Vortrag halten sollte und davor eine junge Frau zu mir kam, um mit mir zu sprechen. Sie schien ganz aufgeregt über die Aussicht zu sein, einen Engel zu sehen, und war von meiner Arbeit beeindruckt. Ich lud sie zu dem kostenlosen Vortrag für den späteren Nachmittag ein, so dass sie eine Demonstration meiner

Arbeit sehen und mehr über die Engel erfahren konnte. Als ich den Vortrag begann, konnte ich sie allerdings nirgends entdecken. Ich war enttäuscht, denn sie schien wirklich eine gute Seele zu sein, und ich wollte, dass sie mehr über die Engel erfuhr.

Sobald ich meinen Vortrag beendet hatte, ging ich zurück in die Haupthalle, und dort war sie. Sie wirkte nervös, als sie mir erzählte, dass die Organisatoren sie aus gesundheitlichen und Sicherheitsgründen nicht in den Vortragsraum gelassen hatten, da der Raum bereits komplett gefüllt war.

„Daher ging ich stattdessen zu einer Sitzung bei jemand anderem", verriet sie mir, „aber Sie werden es nicht glauben, was er gesagt hat – er sagte, dass um mich herum Dämonen wären."

Ich war völlig verblüfft von dieser Information und forderte sie auf, zu mir zu kommen und sich neben mich zu setzen.

Ich fragte sie: „Hat er Ihnen etwas Nachweisbares erzählt? Hat er etwas bewiesen, das wahr ist?"

Sie sagte mir, dass er für sie eine allgemeine Sitzung abgehalten habe, sich aber immer wieder auf ein „negatives" Wesen bezog, das sie umgab. Ich beschloss, mit den Engeln die Situation kurz zu prüfen.

Die Engel erzählten mir, dass es überhaupt nichts Negatives um sie herum gebe. Sie fügten hinzu, dass ihr Sohn ein Träumer sei, der oft Engel gesehen habe. Sie setzten mich auch auf den Stuhl in einen Frisiersalon und ich konnte sehen, wie das Mädchen mir die Haare schnitt.

„Sie sind also Friseurin", behauptete ich.

„Woher wissen Sie das?", fragte sie.

„Nun, das haben mir die Engel gesagt, wie sie mir auch gesagt haben, dass es keine negative Energie um Sie herum gibt, über die Sie sich Sorgen machen müssen", bestätigte ich.

Das Einzige, wovon ich mir hätte vorstellen können, dass es das andere Medium verwirrt haben könnte, ist, dass es einen jüngeren, männlichen Geist im Himmel gab, der einmal im Leben des

Mädchens gewesen war und der sein Leben auf tragische Weise verlor. Dieser Tod war von vielen negativen Schwingungen umgeben und das war wahrscheinlich das, was das andere Medium gesehen hatte. Ich leitete diese Information an das Mädchen weiter.

Sie war geschockt und erzählte mir, dass der Partner ihrer besten Freundin sich genau vor einer Woche das Leben genommen hatte. Das hatte ihre Freundin am Boden zerstört und sie fühlte sich verloren.

Die Engel sagten mir: „Er ist noch nicht so weit, dass er zu uns durchdringen könnte, aber er ist sicher im Himmel angekommen."

Das Mädchen war sehr froh über das, was ich ihr mitteilen konnte, denn alles hätte so ganz anders laufen können, wenn sie mit der Botschaft alleingelassen worden wäre, von Dämonen umgeben zu sein.

Notfall-Engel

Mit Engeln in Kontakt zu kommen, gelingt am besten durch affirmative Gebete. Sie haben mir aber auch einen weiteren, großartigen Weg gezeigt, wie wir ihre Energie auf uns ziehen können, insbesondere in Notzeiten.

Wann immer wir ein „Ich bin" und dann ein Wort sehen, ziehen wir die Energie dieses Wortes in unser Wesen. Zum Beispiel, wenn wir behaupten: „Ich bin das Licht", dann verbinden wir uns mit allen göttlichen Dingen und manchmal nennen die Engel „das Ich-Sein" unser wahres Ich, unseren göttlichen Funken, unsere Seele.

Wir können auch den Namen eines Engels nennen, um seine göttlichen Qualitäten anzunehmen. Eine Affirmation, die ich in Zeiten der Not oft gebraucht habe, ist „Ich bin Michael". Das zieht die Energie des Erzengels Michael zu mir. Michaels Energie ist besonders gut, wenn Sie in einer gefährlichen Situation oder in einer erhitzten Diskussion sind oder einen Schub Selbstvertrauen brauchen. Sie umgibt Sie mit einer stärkenden Kraft.

Eine andere sehr gute Affirmation ist „Ich bin Raphael", das sich auf den heilenden Engel bezieht. Wenn Sie eine Krankheit überwinden oder durch Handauflegen heilen wollen, wird Ihnen das sehr helfen.

Wenn Sie einen Streit mit einem Menschen haben, den Sie lieben, wird Ihnen „Ich bin Raguel" helfen. Sie erinnern sich, dass der Name Raguel „Freund Gottes" bedeutet und er der Familienengel ist, der alle Konflikte auflöst.

„Ich bin Gabriel" wird Ihnen die pflegende, kreative Energie des Engels Gabriel schenken. Gabriel hilft uns, offen mit Weisheit und Kraft zu kommunizieren. Er ist auch der Engel der Mütter. Wenn Sie also Hilfe bei der Erziehung Ihres Kindes oder Ihrer Kinder brauchen, wird Ihnen das auch helfen.

„Ich bin Uriel" wird Licht in Ihre Situation bringen. Uriel ist der Engel des Lichts, der uns bei allem inspiriert, was wir tun. Wenn Sie sich verloren fühlen und nicht wissen, was Sie als Nächstes tun sollen, wird Sie seine Energie mit Leichtigkeit leiten.

Sie können das mit jedem Engelnamen probieren. Sie werden feststellen, dass es einen bemerkenswerten Unterschied in Ihrem Leben ausmacht.

16
Eine himmlische Zugabe

Ich hoffe, ich habe Sie an dieser Stelle bereits davon überzeugt, dass jeder Einzelne von uns einen Schutzengel hat. Aber ich habe auch Menschen getroffen, die größeres Glück hatten: Sie haben mehr als einen Engel.

Eine solche Person war Miranda, eine Rechtsanwältin mit zwei unverwechselbaren Engeln. Einer beschäftigte sich mit ihrer Arbeit, der andere repräsentierte ihre kreative Seite. Der Berufsengel regte sie dazu an, nur für das Gute der Menschheit zu arbeiten, und dem kreativen Engel, der ihr persönlicher Schutzengel war, war es wichtig, dass sie diese Seite von sich auslebte. Das ist eine unübliche Engelkombination. Beide Engel wollten Miranda zeigen, wie wichtig der Ausgleich ist, denn als Scheidungsanwältin fand sie, dass die Erfahrungen, die sie bei der Arbeit machte, ihr persönliches Leben beeinflussten, und so war es schwierig für sie, eine Beziehung einzugehen.

Ihre Sitzung war wirklich erstaunlich. Miranda liebte ihre Arbeit, aber manchmal verlor sie dadurch auch das Vertrauen in die Menschheit. Sie liebte Menschen, war aber sehr eigenbrötlerisch. Die Engel sagten, sie wollten sie dazu inspirieren, wieder an Menschen zu glauben. Wenn sie die Hoffnung ganz verlöre, würde das mehr schlechte Fälle und Menschen in ihrem Leben anziehen. Sie brauchte eine positivere Einstellung, damit das Universum ihr einfachere Situationen zuführen konnte.

„Wir haben Miranda nicht nur hierhergebracht, damit wir ihr dabei helfen können, ihr Vertrauen in die Menschheit wiederzuentdecken, sondern auch, weil es einen Geist gibt, der verzweifelt wünscht, ihr von der anderen Seite aus zu danken", sagten mir die Engel.

Der Geist einer jüngeren Frau mit kurzen Haaren betrat den Raum. Die Engel teilten mir mit, ihr Name sei Maggie.

„Wissen Sie, wer das ist?", fragte ich.

Miranda bejahte das.

„Sie zeigt mir unentwegt einen Umschlag und ich kann mir nicht helfen, ich habe das Gefühl, sie will über einen wichtigen Brief diskutieren", fügte ich hinzu.

Miranda bestätigte, das sei richtig, und der Engel sagte zudem: „Das, was sie mit diesem Brief tat, das ist wichtig. Maggie ist darüber so dankbar, dass sie dabei geholfen hat, es an den richtigen Besitzer zu bringen, dass sie ihr dabei helfen will, eine Beziehung zu einem Seelenverwandten zu finden. Das wird ihr Weg sein, ihre Dankbarkeit zu zeigen."

Miranda sah erleichtert aus. Aber ich musste sie fragen, was zum Teufel hier los war, weil es mich selbst so verwirrte!

Sie sagte mir dann, dass Maggie die Freundin ihrer besten Freundin Helen war. Sie hatte viele Monate lang an Krebs gelitten, bevor sie friedlich starb. Die Überschreibung ihres Anwesens wurde von Mirandas Anwaltskanzlei abgewickelt. Obwohl Miranda mit dem Fall nicht direkt etwas zu tun hatte, sah sie meistens, was ablief.

Unter Maggies Testament und anderen Dingen war auch ein Brief an Helen. Es war nur ein grundsätzlicher Dank und eine Anerkennung der Freundin gewesen, die sie so gerne gehabt hatte, aber die Familie bestand darauf, diesen Brief nicht weiterzuleiten, weil er ja schließlich nun, nachdem Maggie „tot" war, nichts mehr bedeute. Miranda hingegen fühlte einen immer stärker werdenden Drang, den Brief an Helen weiterzuleiten. Sie glaubte, dass es Maggie war, die sie von der anderen Seite her drängte – und nun bestätigte sich das.

Schließlich konnte sie sich nicht mehr zurückhalten. Obwohl sie damit den Verhaltenskodex brechen musste, wusste sie doch, dass es das Beste wäre, was sie tun konnte. Sie kopierte den Brief und leitete ihn an Helen weiter. Helen war überglücklich, als sie einen Brief von ihrer Freundin im Himmel erhielt. Sie fühlte sich erst vollständig, als sie wusste, dass Maggie sie geliebt hatte und für alles dankbar gewesen war, was sie getan hatte. Es stellte sich auch heraus, das Maggies Schwester eifersüchtig auf die Beziehung war, die Helen mit ihr gehabt hatte. Sie wollte einfach aus Trotz den Brief nicht weiterleiten.

Nun bedankte sich Maggie bei Miranda, weil sie den Brief weitergeleitet hatte, und sagte, sie wolle Mirandas zwei Engel begleiten und sie darin bestärken, wieder Vertrauen in die Menschheit zu finden und Liebe in ihrem Leben zu erhalten.

Ich ermutigte Miranda, sie solle der Menschheit eine Chance geben. „Sie haben eine erstaunliche Seele", sagte ich. „Sie haben so viel getan, um sowohl eine Seele auf Erden als auch eine im Himmel zu heilen. Wenn Sie nur Ihr inneres Licht sehen und fühlen können, dann werden Sie auch anderen erlauben, es zu sehen."

Miranda gab zu, dass sie ganz aufgeregt sei und sehen wolle, was wohl nach dieser Sitzung passieren würde, und sagte laut: „Richtig, Maggie und ihr Engel, ich bin jetzt bereit für eine Liebesbeziehung!"

Als sie die Sitzung verließ, war sie ein neuer Mensch.

***

Bei einer anderen Gelegenheit traf ich eine Frau, die Orla hieß. Ihr Sohn hatte einen Gutschein für eine Sitzung bei der Tombola einer Wohltätigkeitsorganisation gewonnen.

Orla war sehr angenehm. Als sie in mein Büro kam, war es, als würde sich der Raum durch ihr inneres Licht erhellen. Sie war umringt von Engeln, die sich alle um ihr Wohlergehen und ihre Entwicklung bemühten, und jeder hatte eine besondere Botschaft für sie.

„Wir begleiten Orla von klein auf", berichteten sie. „Wir waren bei ihr, als sie als Kind ihre Mutter verlor und ihr Vater nicht damit fertig wurde. Aber egal, was es in ihrem Leben gab, Orla blieb immer stark und vertraute auf Gott."

In meinen Gedanken sah ich Orla am Altar einer katholischen Kirche. Sie war sehr gläubig und ich wusste, dass sie sich wegen der Dinge, die die Kirche über mediale Menschen sagt, schuldig fühlte, weil sie zu mir gekommen war.

„Meine Sitzungen unterscheiden sich sehr von denen der Wahrsager", versicherte ich ihr, „daher müssen Sie sich keine Sorgen machen, denn Sie werden nichts tun, was gegen Ihren Glauben verstößt. Wenn überhaupt, dann stärkt diese Sitzung Ihre persönliche Verbindung zu den Engeln, mit denen sie schon jeden Tag so viel sprechen."

Orla erzählte mir, dass kein Tag vergehe, ohne dass sie zu ihrem Schutzengel bete.

Die Engel nahmen mich mit in eine Zeit, als Orla als Krankenschwester gearbeitet hatte. Sie war sehr beliebt gewesen und liebte ihre Arbeit ebenfalls sehr.

„Sie sah tagsüber öfter die Anwesenheit von Engeln", wurde mir gesagt.

Orla bestätigte, dass sie oft Engel gesehen habe, die sich um die Betten der Menschen versammelt hätten, sobald sie bereit gewesen seien, in ihr nächstes Leben zu ziehen.

Im weiteren Verlauf der Sitzung hießen die Engel Orlas Vater aus dem Himmel willkommen. Er war wie ein Soldat gekleidet und trug einen Schutzhelm. Als ich ihr das erzählte, sagte sie, er sei in der Armee gewesen. Man habe ihm in den Kopf geschossen, aber er habe überlebt. Man hatte ihm Metallplatten in den Kopf implantiert, aber er hatte danach weitergelebt. Die Engel sprachen für ihn und sagten, dass es ihm nach der Schießerei gut gegangen war, aber dass er nach dem Tod ihrer Mutter nie mehr wieder derselbe war. Er war einfach nicht in der Lage gewesen, sich damit abzufinden. Er wollte Orla wissen lassen, dass er sie immer geliebt habe und dass er nicht gewollt habe, dass sie ihn unglücklich sieht. Das sei der Grund gewesen, warum er sie zu Verwandten nach

Irland geschickt habe, die ihr ein viel besseres Leben bieten konnten.

„Was sie auch getan haben. Ich wurde in Irland sehr geliebt. Bitte teilt meinem Vati mit, dass ich ihn immer lieben werde", bat Orla und erlaubte ein paar Freudentränen zu fließen, nachdem sie nun wusste, dass ihr Vater ihre liebende Unterstützung von der anderen Seite war.

Die Engel fuhren fort: „Wir möchten Orla erzählen, dass es Erzengel Michael war, den sie beim Beten in Frankreich traf."

Orla schnappte nach Luft. „Ich habe mir über dieses Erlebnis immer wieder Gedanken gemacht", sagte sie. „In der Kirche sprechen wir oft über Engel und die Leute sagen, dass sie uns ihre Namen verraten werden. Einmal war ich in eine Kapelle in Frankreich gegangen. Ich ging an die Pforten, aber sie waren verschlossen. Es begann, dunkel zu werden, denn es war Winter, und ich machte mir Sorgen, denn ich war alleine. Als ich erfolglos an der Tür rüttelte, sah ich einen Mann an meiner Seite. Ich sprang vor Schreck einen Schritt zurück, aber als ich ihn ansah, war ich von der Wärme in seinem Gesicht und seinem Lächeln überwältigt. Er zeigte auf die äußerste linke Ecke und sagte „Michael". Als ich nach links sah, erkannte ich ein weiteres Tor. Ich war froh und drehte mich um, um dem Mann zu danken, aber er war verschwunden, hatte sich einfach in Luft aufgelöst. Ich ging zu dem anderen Eingang und es stellte sich heraus, dass sie Sankt Michaels Tür genannt wurde. Daher wusste ich, dass der Erzengel Michael mir persönlich einen Besuch abgestattet hatte."

Die Engel fuhren fort, Orla zu beraten. Sie sagten, dass sie sich darüber im Klaren sein müsse, dass Gott sie nicht strafen wolle, sie sich selbst aber auch nicht für jeden Fehler bestrafen sollte, den sie mache.

Orla gab zu, dass ihr katholischer Glaube sie dazu gebracht hatte, zu glauben, dass Gott die Menschheit strafen würde.

Die Engel gaben darauf schnell eine Antwort: „Gott ist ein Wort: Liebe. Die Essenz des Universums ist nichts mehr als das. Die Menschen können sich gegenseitig bestrafen, und die

Menschen können sich selbst bestrafen, aber Gott wird sie für immer lieben."

Orla war in der Lage, diese Informationen anzunehmen, und sie entschied, dass sie aufhören wolle, sich selbst fertigzumachen, wenn sie nicht zur Beichte gehen oder ihre Ave Marias beten wollte – sie hatte wirklich ein Herz aus purem Gold!

**

Ich erinnere mich an einen Abend, als ich auf einer Bühne die Kommunikation mit den Engeln vorführte. Ich pickte mir aus der Zuschauermenge einen Mann namens Martin heraus, und zwar einfach deshalb, weil er zwei Engel hatte, die neben ihm standen. Sie wollten ihm sagen, wie stolz sie auf ihn waren, dass er das Schlimmste in seinem Leben überwunden und seine innere Stärke und Talente entdeckt hatte. Ich bat ihn, mit mir darüber nach der Show zu sprechen, um mehr herauszufinden.

In meinem Geist sah ich Martin vor zehn Jahren, ein tobender Alkoholiker ohne jede Hoffnung. Er schloss sich selbst zu Hause ein, sprach mit niemand und trug buchstäblich eine große Last. Dann glaubte er, dass er spirituelle Lichter um sein Haus sähe und er gab seinem Leben eine Wende. Die Engel erzählten mir, dass der Alkoholmissbrauch dazu gedacht war, seine natürliche Empfänglichkeit für Engel zu verstecken. Sie waren erfreut und aufgeregt darüber, dass er jetzt bereit war, mit ihnen arbeiten zu wollen.
Diese Botschaft war ein Auftrieb an Vertrauen und Hoffnung, denn Martin wollte nun ein spiritueller Heiler und ein Medium werden, das mit Engeln arbeitet. Es sah so aus, als hätte er zwei Engel, weil er am Anfang seiner Reise ein komplett anderer Mensch gewesen war im Vergleich zu dem kompetenten Mann, den ich an diesem Tag kennenlernte. Der neue Engel war ihm an die Seite gestellt worden, weil er bereit war, einen neuen Lebensweg einzuschlagen.

Martin kam später zu einem meiner Engel-Workshops und bewies dort eine bemerkenswerte Verbindung zwischen Himmel und Erde. Er wusste dann, dass dies seine Berufung war und dass ihm seine beiden Engel zur Seite standen.

**

177

Einmal führte ich am 18. Geburtstag eines jungen Mädchens eine Sitzung durch. Sie war von einem Freund der Familie gekauft worden, der allerdings dachte, er hätte ihr etwas anderes geschenkt. Das Mädchen selbst, Siobhan, war absolut cool. Sie hatte rot gefärbtes Haar und trug eine quadratische Brille mit schwarzem Rahmen. Ihre Aura war pink-rot und deutete auf eine feurige, hitzköpfige Persönlichkeit hin.

An jeder Seite Siobhans stand ein Engel. Es waren schlaksige, goldene Engel mit richtig runden Gesichtern und stechenden schwarzen Augen. Sie sprachen nicht viel, denn der Geist ihres Vaters war ebenfalls da, zusammen mit einem Hund, und das war seine Chance, mit ihr zu sprechen. Aber ich wusste, dass die Engel zu Siobhans Unterstützung hier waren. Sie sagten mir, sie seien ihre Führer und dass sie eine harte Zeit mit ihren Eltern durchgestanden habe und dass sie schweigend über sie gewacht und sichergestellt hätten, dass sie immer stark und bestimmt war, weil das ihr Rettungsanker sein würde. Die Farbe ihrer Aura ließ darüber keinerlei Zweifel aufkommen!

Die Engel erklärten mir, sie seien nun hier, um ein Gespräch mit Siobhans Vater im Himmel zu überwachen. Seine Energie kam zu uns durch und in meinem Geist sah ich, dass er beschwipst war.

„Dein Vater war sich selbst der größte Feind und wusste nie, wann er mit dem Trinken aufhören musste", sagte ich ihr.

Siobhan war geschockt.

„Ich habe dich immer geliebt, Siobhan", sagte ihr Vater. „Es tut mir leid, dass ich mein Versprechen gebrochen habe, mich zu bessern."

Es schien, als hätte er es nicht geschafft, vom Alkohol loszukommen, was schließlich dazu führte, dass er einsam verstarb.

Siobhan begann zu weinen. Ich wusste, dass sie einmal ihrem Vater sehr nahegestanden hatte. Er begann für sie „Wonderwall" zu singen und sie berichtete, dass dies ein besonderes Lied sei, dass sie beide geliebt hätten.

Dann stand er hinter ihr und ein Schauder durchlief ihren Körper. Er wiederholte ständig: „Wo ist deine Kette? Wo ist deine Kette?"

Als ich das weiterleitete, antwortete sie, heute trage sie die Kette, die ihr der Vater einmal gekauft habe, nicht, aber sie klammere sich oft an sie und versuche dabei, sich an ihre Zeit mit ihm zu erinnern und an das Band, das sie verbunden habe.

„Ihr Vater liebt sie, wie Sie wissen, und er wird immer bei Ihnen sein", teilte ich ihr mit.

Dann begann einer der Engel zu sprechen: „Es ist für Siobhan wichtig, Dinge mit ihrer Mutter zu regeln. Wir wollen, dass sie weiß, dass ihre Mutter gerade nach ihr Ausschau hält. Sie sollte das verstehen."

Siobhan gab zu, dass es schon eine Weile her sei, seit sie mit ihrer Mutter gesprochen habe. Sie lebte seit Monaten bei ihrer Großmutter. Sie und ihre Mutter lagen sich derzeit in den Haaren und eine war so stur wie die andere. Aber die Engel ermutigten Siobhan, die Dinge mit ihr zu regeln, denn obwohl ihre Eltern eine wackelige Beziehung hatten, wollte ihr Vater nicht, dass sie hier auf Erden ohne zwei Elternteile war. Siobhan stimmte zu, mit ihrer Mutter zu sprechen, wenn ihr der Vater verspräche, im Geist bei ihr zu bleiben. In diesem Moment hörte ich das einfache Wort: „Immer."

Siobhan war überglücklich – ihr Vater war bei ihr und würde es immer sein.

Bonus-Engel

Alle Geister unserer Familie um uns, oder selbst ein weiterer Engel, sind in der Tat zusätzliche Unterstützungseinheiten, die wir mit offenen Armen empfangen und auf die wir uns berufen sollten, wenn wir dabei sind, unser volles Potenzial auszuschöpfen. Ich spreche von diesen Zugaben als unsere „Bonus-Engel".

Ich habe feststellen können, dass viele Menschen Bonus-Engel bei sich haben. Ganz häufig ist dies der Fall, wenn Menschen sich auf Reiki einstimmen oder eine neue Heiltechnik erlernen. Ein neuer Engel begleitet sie eine Weile auf ihrem Weg oder bei ihrer Arbeit, bis sie den Dreh von dem heraushaben, was sie tun. Das bedeutet nicht, dass Ihr Schutzengel nicht in der Lage ist, Ihnen zu helfen, aber es gibt viele Engel und jeder hat sein eigenes Fachgebiet, genauso wie die Menschen hier auf Erden auch.

Wenn Sie bislang noch auf keinen Bonus-Engel aufmerksam gemacht wurden, machen Sie sich keine Sorgen. Der Engel, den Sie bereits haben, ist mehr als fähig, Ihnen bei Ihren Bedürfnissen zu helfen. Aber wenn Sie einen Bonus-Engel haben, warum sollten Sie ihn dann nicht sehen, wenn er mit Ihnen arbeitet?

Schließen Sie Ihre Augen und atmen Sie tief ein. Stellen Sie sich vor, wie viele himmlische Energien hinter Ihnen stehen. Sie sehen vielleicht eine, zwei oder sogar mehr.

Wenn Sie sich nicht selbstbewusst genug sind, nutzen Sie die Einstimmübung, um jeden von ihnen zu fragen, was für einen Grund es hat, dass er bei Ihnen ist, und wie Sie ihm helfen können, seine Bestimmung zu erfüllen. Sie können ihn auch nach Botschaften fragen oder um Hilfe oder um eine Beratung bitten. Wenn Sie während dieser Bitten tief einatmen, werden Sie Hilfestellung erhalten.

17
Liebe und Fülle

Da wir nun an das Ende dieser Reise kommen, hätte ich gerne, dass jeder Einzelne von Ihnen, die Sie dieses Buch lesen, sich Ihrer Engel bewusster werden. Mögen Sie finden, was auch immer Sie suchen, und seien Sie in allen Bereichen Ihres Lebens mit Liebe und Fülle gesegnet.

Liebe und Fülle erwarten Sie, sobald Sie wissen, wie Sie darauf zugreifen können, und, viel wichtiger, sobald Sie erkennen, dass Sie beides verdienen. Möglicherweise gibt es Dinge in Ihrer Vergangenheit – Menschen, Ereignisse, Erfahrungen –, die Sie das bezweifeln lassen, die infrage stellen, wer Sie sind und was die Zukunft für Sie bereithält. Ich wünsche mir sehnlichst, Sie würden alle Ihre negativen Gedanken hinter sich lassen, alle Überzeugungen, die Sie zurückhalten, alle Dinge, die das erstaunliche Individuum ausbremsen, das Sie in Wahrheit sind. Und das ist nicht nur, was ich wünsche, sondern es ist auch das, was sich Ihr Engel wünscht.

Wenn es Ihnen schwerfällt, an sich selbst zu glauben, bitten Sie Ihre Engel, Ihnen dabei zu helfen, es zu lernen. Und wenn Sie das bis zu einem gewissen Grad können, vertrauen Sie mir. Sehen Sie mich bitte als Freund an, jetzt, nachdem Sie meine Erlebnisse und meine Geschichte gelesen haben, als Freund, der Ihnen auf dieser wundervollen Reise helfen, Sie führen und begleiten kann.

Engel werden Sie weder dazu zwingen, irgendetwas in Ihrem Leben zu tun, noch werden sie Sie zu Veränderungen drängen. Sie haben einen freien Willen und die Engel erkennen ihn an. Aber sie werden Sie von ganzem Herzen dazu ermutigen, das Glück in

Ihrem Leben zu suchen, und Sie dazu ermutigen, loszulassen, was Sie zurückhält. Indem Sie lernen, sich selbst zu vertrauen, sich von allem zu lösen, was Sie in der Vergangenheit beschränkt hat, auf die Hilfe Ihres Schutzengels zurückzugreifen und sich auf die höchste Stufe des Daseins zu konzentrieren, wird Ihnen die Möglichkeit gegeben werden, alle Ihre Wünsche zu realisieren.

Die Engel unterstützen uns bei allem und auf ihre Lehren können wir immer zurückgreifen. Ich habe viele Dinge von ihnen gelernt. Hier sind einige davon.

Tun versus Sein

Wenn es etwas gibt, das ich über das Leben gelernt habe, dann dass wir alle einen Lebenszweck haben. Diese Aufgabe kann viele Formen annehmen, aber wir sind alle auf der Suche nach etwas, selbst wenn wir uns dessen manchmal noch nicht einmal bewusst sind.

Wir sind oft so beschäftigt damit, etwas zu tun, dass wir dabei vergessen, wer wir sind und wozu wir wirklich hier sind. Wir füllen unsere Arbeitszeiten und unser gesellschaftliches Leben auf das Äußerste. Wir sind ständig auf dem Sprung. Wir sagen uns ständig, dass wir das nächste Projekt in Angriff nehmen müssen, dass wir dies und jenes oder etwas anderes tun sollen, um alles in Gang zu halten. Wir hören niemals auf, wir werden niemals langsamer.

In den westlichen Ländern hat alles ein Etikett, jedes Ding hat einen Namen und viele Menschen messen uns an dem, was wir haben und was wir für unseren Lebensunterhalt tun. Es kommt nicht so oft vor, dass wir für das anerkannt werden, was wir als Person sind, es sei denn, von einigen wenigen, besonderen Menschen.

Im Leben, so scheint es, geht es immer um die Wahrnehmung. Die Menschen versuchen ständig, etwas übereinander herauszufinden, aber dabei vergessen sie etwas sehr Wichtiges. Die Frage, die wir uns stellen müssen, ist nicht, wer wohl die anderen sind, sondern wer wir sind.

An dieser Stelle wird das Sein von entscheidender Bedeutung. Lernen, eins mit sich selbst zu sein, ist das Kernstück eines glücklichen, ausgefüllten Daseins. Um das wirkungsvoll und angemessen zu tun, kann es einer großen Veränderung in der Geisteshaltung bedürfen. Die Menschen sagen so oft, sie würden ständig lernen. Doch während das so klingt, als wären sie auf dem richtigen Weg, würde ich ein Wort der Vorsicht hinzufügen: Wenn etwas Schlechtes in unserem Leben geschieht, sagen wir, das sei eine Lernerfahrung. Aber was, wenn wir das Wesentliche nicht begreifen? Was, wenn die Lektion nicht war, diese Situation durchzustehen, sondern die, dass das Universum versucht hat, uns dabei zu helfen, etwas anderes zu erkennen?

Wir schaffen uns unsere eigene Zukunft

Ihr Leben ist ein Spiegelbild Ihrer Seele. Ihre Gedanken, sowohl die guten als auch die schlechten, spiegeln sich in dem wieder, was Ihnen in Ihrem Leben zustößt. Wenn Sie sich also mit Ihrem inneren Wesen verbinden können, wenn Sie Ihr Glück in sich finden können, wird es Ihr Leben immer anstrahlen. Hören Sie daher auf zu suchen. Das Glück ist bereits in Ihnen. Sie müssen nur lernen es anzuzapfen, das ist alles, was Sie tun müssen.

Ich wette, es gibt eine Redewendung, die Sie bei manchen Gelegenheiten Ihres Lebens benutzt haben: „Geist über Materie". Wenn Sie diese Worte gesagt haben, haben Sie bereits eingeräumt, dass Sie Macht über körperliche Einschränkungen oder Probleme haben.
Um einen Schritt weiterzugehen, würde ich vorschlagen, sich selbst zu fragen, wo sich Ihr Geist befindet. Es kann sein, dass Sie ganz automatisch in Richtung Ihres Kopfes zeigen oder dass Sie denken, dass Ihr Geist mit Ihrem Gehirn verknüpft ist, aber da liegen Sie falsch. Während Materie quasi alles ist, was man sehen und berühren kann, und von der wir wissen, dass sie körperlich ist, besteht unser Geist aus unserer inneren Intelligenz, unserem inneren Genie – es ist unser inneres Ich.

Im Moment der Empfängnis begann Ihre Reise im Inneren der Gebärmuter Ihrer Mutter als Doppelstrang einer DNS. Ihre DNS teilte sich fünfzig Mal, um einhundert Billionen Zellen zu bilden, die dann zu Ihrer Schöpfung wurden. Ihr Körper ist eine bemerkenswerte Komposition aus Energie. Von Ihren Zellen sagt man, dass sie sechs Billionen Dinge pro Sekunde ausführen können und dass sie alle wissen, was jede andere Zelle zur gleichen Zeit tut. Ihr Körper ist absolut phänomenal. Denken Sie doch einmal darüber nach: Er kann Essen verdauen, ein Instrument spielen und ein Baby erschaffen – und zwar gleichzeitig! Aber es kommt noch besser: Ihr Körper folgt den Bewegungen der Sterne und Planeten. Wie Deepak Chopra behauptet, ist unser biochemischer Rhythmus die Symphonie des Kosmos. Ihre Zellen sind aus Atomen gemacht und in den Atomen gibt es Elektronen, Protonen, Quarks und Gluonen. In ihnen gibt es nichts, das man sehen oder sich auch nur vorstellen kann. Denn es handelt sich nicht um einen „Raum", sondern es ist Ihr Bewusstsein – Ihr Geist und Ihre Seele. Ich glaube, dass das Bewusstsein die Verbindung zum Universum ist.

Albert Einstein hat in seiner Relativitätstheorie nachgewiesen, dass es keinen wirklichen Unterschied zwischen Materie und Energie gibt. Sie seien in Wirklichkeit nur unterschiedliche Formen der gleichen Sache. Das bedeutet, dass alles, was Sie sehen und berühren, mit dem Universum verbunden ist. Das bedeutet auch, was auch immer Sie wünschen oder in Ihrem Leben erschaffen möchten, ist bereits mit Ihnen verbunden.

Das bedeutet auch, dass wir alle miteinander verbunden sind. Das kann die Art und Weise, wie wir eine andere Person ansehen, maßgeblich verändern. Sie zu kritisieren oder zu verurteilen könnte uns in Wirklichkeit nur unsere eigene Schwäche zeigen. Das ist etwas, was wir im Gedächtnis behalten sollten, da wir ja jetzt Maßnahmen ergreifen, unsere Zukunft zu erschaffen.

Eine positive Einstellung

Eine positive Einstellung einzunehmen kann uns wirklich weiterhelfen. Es kann auf allen Ebenen für uns sehr viel tun. Es ist erwiesen, dass eine positivere Einstellung zum Leben die Lebenserwartung des Körpers steigern kann, und das ist nur der Anfang.

Die Engel sagen, dass eine positive Sicht der Dinge nicht unbedingt bedeuten muss, dass man Bäume umarmt (so gut das auch ist) oder ständig anderen Menschen Komplimente macht. Es geht mehr darum, die Dinge in einem besseren Licht zu sehen und zu erkennen, dass alles perfekt ist und dass es genau das ist, das wir erschaffen haben.

Unsere Gedanken sind so machtvoll, aber wir sind vielleicht nicht in der Lage, das zu erkennen. Tatsächlich erkennen wir möglicherweise die meiste Zeit noch nicht einmal, was wir denken. Daher ist eine der Herausforderungen, uns ein besseres Leben zu erschaffen, die, uns unserer Gedanken bewusster zu werden. Die Engel haben mir einen einfachen Weg gezeigt, wie ich meine Gedanken ermessen kann. Das ist so praktisch, denn wie Sie vielleicht bestätigen können, kann es manchmal schwer sein, sich bewusst zu sein, worüber man speziell gerade nachdenkt. Der Trick, zu bemerken, was man gerade denkt, liegt in den Gefühlen, den Emotionen. Kamael sagt:

Wenn Sie schwach sind und in negativen Gedanken festhängen, dann ziehen Sie noch mehr davon an. Wenn Sie sich also so fühlen, können Sie die Gelegenheit ergreifen, das zu ändern. Indem Sie bewusst optimistischer sehen, Ihre Ängste und Sorgen durch Weinen loslassen, Ihre Meinung vertreten und sich durchsetzen, schaffen Sie Raum für positive Dinge. Wenn Sie dann durch Ihre Gefühle eine positivere Frequenz ausstrahlen, ziehen Sie weitere positive Frequenzen in Ihr Leben, durch Fülle, eine liebende Partnerschaft, gute Gesundheit und eine erfüllende Karriere.

Sobald Sie Ihre Art zu denken korrigieren, werden die erstaunlichsten Dinge passieren. Sie werden Wunder erschaffen und anfangen, in sich das Glück und die Liebe zu finden, die Sie gesucht haben.

Wo ein Wille ist, ist auch ein Weg

Wir wissen alle, was für Auswirkungen Gefühle haben können, denn es gibt nichts Schlimmeres, als in der Nähe von jemandem zu sein, der schlechte Laune hat, oder? Wir wissen auch, wie göttlich das ist, wenn jemand mit einer positiven Stimmung und bester Laune daherkommt. An manchen Stellen waren wir selbst schon der eine oder andere davon.

Wir können Menschen selbst dann mit unserer Stimmung beeinflussen, wenn wir das gar nicht wissen. Besonders in kleineren Gruppen können wir die Energie der ganzen Gruppe lediglich durch das verändern, was wir empfinden, obwohl behauptet wird, dass diejenigen, die mehr mit sich zufrieden sind, weniger leicht von anderen Menschen um sie herum beeinflusst werden können.

Umgekehrt können wir natürlich auch manipuliert werden. Haben Sie sich kürzlich über einen Freund oder über die Haltung eines Arbeitskollegen beschwert? Finden Sie, dass sie Ihnen Kräfte rauben oder Sie mehr beeinflussen, als Ihnen lieb ist? Aber erinnern Sie sich, dass alles, was wir sagen oder tun, die Reflexion unseres eigenen Inneren ist. Wenn wir also verurteilen oder uns beschweren, zeigen wir nur auf etwas, was wir an uns selbst nicht leiden können.

Uns über etwas zu beklagen, bringt uns auch gar nichts. Stattdessen sollten wir einen Ansatz zu Hilfe nehmen, den man „non-interference approach" nennt. Dabei handelt es sich um ein buddhistisches Konzept, bei dem den Menschen erlaubt wird, ihre eigenen Lektionen zu lernen, ohne dass sie davon in Kenntnis gesetzt werden!

Mit positiven Gedanken unsere Umwelt verändern

Lassen Sie sich nicht von der Negativität eines anderen herunterziehen! Wie wäre es, wenn Sie stattdessen liebevolle Gedanken in den Raum senden?

Sie könnten sagen: „Danke, Engel, dafür, dass Ihr diesen Raum mit eurer liebevollen Energie umgebt. Danke dafür, dass ihr alle Energien entfernt habt, die nicht meinen Zwecken dienen."

Wenn Sie das tun, wird sich der Raum mit einer angenehmen Energie füllen. Achten Sie einfach darauf, wie die Stimmung steigt!

Sie können das auch für Ihre eigenen Zwecke nutzen. Eine meiner Lieblingsversionen stammt von einer Erzieherin. Sie steht jeden Morgen vor der Kindergartentür und sagt allen Menschen, die durch die Tür gehen, sie sollen sich vorstellen, dass alle ihre Sorgen und Nöte von großen Schwämmen abgewaschen werden, so wie wenn sie durch eine Autowaschanlage führen.

Bemerkenswerterweise stellte sie fest, dass es in ihrem Kindergarten wenig Krankheiten gibt und er zu einem positiven Raum geworden ist, den auch Erwachsene gerne besuchen. Warum sollten Sie das nicht auch einmal bei sich zu Hause ausprobieren oder an Ihrem Arbeitsplatz?

Die Gesetze des Universums

Schließlich möchte ich die Gelegenheit nutzen, Ihnen meinen Leitfaden der universellen Gesetze an die Hand zu geben, damit Sie lernen können, wie Sie mit der liebevollen Unterstützung Ihrer Schutzengel auf Liebe und Fülle zugreifen können.

Die Gesetze des Universums sind, was ihr Name sagt: Gesetze, die die Art und Weise definieren, wie das Universum arbeitet. Diese Gesetze wirken sich auf Sie aus, egal ob Sie sich dessen bewusst sind oder nicht. Diesen Gesetzen unterliegen auch die Engel. Indem Sie sich dieser Engel mehr bewusst werden, können Sie positiver sein und sich ein besseres Leben ermöglichen.

Es gibt einige Gesetze, denen Sie sich bereits bewusst sind, wie beispielsweise Karma – ausgedrückt in der alten Redensart „Alles, was du tust, fällt früher oder später auf dich selbst zurück." Nach diesem Gesetz kommt alles zu Ihnen zurück, was Sie in die Welt gesetzt haben. Wenn Sie also ständig stöhnen und ächzen und darüber jammern, dass alles falsch und Ihr Leben unsinnig ist, wird Ihnen das Karma das immer wieder vorsetzen und Sie werden feststellen, dass die Welt genau so ist, wie Sie das ständig behaupten. Also denken Sie erst einmal nach!

Es gibt drei universelle Hauptgesetze, mit denen ich ständig arbeite. Sie helfen mir dabei, mir meiner Gedanken und Taten bewusst zu werden, und sie können auch Ihnen helfen.

1. Das Gesetz des freien Willens

Dieses Gesetz lehrt uns, dass unabhängig davon, was uns in unserem Leben begegnet, wir wählen können, wie wir darauf reagieren. Wir können uns erlauben, uns von der Negativität einer Situation herunterziehen zu lassen, oder wir können sie vollständig überwinden.

Jeder Einzelne von uns hat schon das eine oder andere Mal überreagiert und wurde in verschiedenen Situationen oder gegenüber Menschen in unserem Leben wütend oder frustriert. Wir alle haben schon einmal gesagt: „Ich hätte dies tun sollen", „Ich hätte das tun sollen..." Diese Art des Denkens erreicht nichts. Das Universum lehrt uns, dass alles perfekt ist, und wenn etwas geschehen soll, geschieht es auch.

Das Ziel des Gesetzes des freien Willens ist, auf alle Situationen einfühlsam zu reagieren und sich von allem Schlechten zu lösen. Wir alle können das tun, Schritt für Schritt.

Es ist wichtig, zuerst nachzudenken, bevor man auf irgendetwas im Leben reagiert. Das Universum lehrt uns, dass sobald wir frustriert oder sauer werden, wir noch immer eine Lektion zu lernen haben. Wenn wir mitfühlend reagieren und stattdessen einen Akt der Nicht-Einmischung ausüben, sind wir auf dem Weg der Selbstbeherrschung. Selbstbeherrschung ist der Moment im Leben, wenn wir mit uns selbst völlig im Reinen sind, uns von außen nichts Negatives beeinflussen kann – alles ist dann perfekt.

Das Gesetz des freien Willens kommt auch ins Spiel, wenn wir eine höhere Kraft bitten, uns zu helfen. Diese höhere Kraft könnte ein Heiliger sein, ein Engel oder ein göttliches Wesen, zu dem Sie beten möchten. Diese Wesen sind nicht in der Lage, uns zu helfen, es sei denn, wir bitten sie darum. Wir haben die Wahl.

2. Das Gesetz der Anziehung

Die meisten Menschen haben von diesem Gesetz bereits gehört, aber nicht alle werden verstanden haben, auf welche Art und Weise es wirkt. Es lehrt uns, dass, was auch immer wir ins Universum hinaussenden, wieder zu uns zurückgezogen wird.

Das bedeutet, wenn Sie das Leben von einer negativen Sichtweise angehen, ist es sehr wahrscheinlich, dass Sie diese negativen Erfahrungen erneut anziehen. Die Dinge werden nicht nach Plan ablaufen oder Sie werden mit ihnen unglücklich. Wenn Sie aber liebevoll, optimistisch und positiv sind, wird Ihnen das Gesetz der Anziehung liebevolle, glückliche Erfahrungen in Ihr Leben bringen.

Das Gesetz der Anziehung kann dazu verwendet werden, uns bewusst Situationen und Dinge in unser Leben zu bringen, die wir brauchen. Das können Freunde, Beziehungen, körperliche oder materielle Dinge und Glück sein, aber Vorsicht: Dieses Gesetz hat eine sehr charakteristische Art zu wirken. Es ist so: Wenn Sie etwas wollen, wird Ihnen das Universum erlauben, es weiterhin zu wollen. Wenn Sie das Gefühl haben, dass Sie etwas nicht brauchen, aber dennoch wollen, wird das Universum Sie das weiterhin wollen lassen. Wenn Sie aber glauben, dass Sie etwas bereits haben und diese Energie in Ihr ganzes Wesen stecken, dann wird Ihnen das Universum das liefern.

Ein Beispiel. Wenn Sie sagen: „Ich möchte ein neues Auto, ich möchte ein neues Auto, ich möchte ein neues Auto", immer und immer wieder, was wird geschehen? Es ist sehr wahrscheinlich, dass die Monate vergehen und Sie noch immer kein neues Auto bekommen haben. Wenn Sie aber sagen: „Ein neues Auto wäre in meinem Leben höchst willkommen. Ich bin offen dafür, ein neues Fahrzeug in meinem Leben in Empfang zu nehmen, und ich verdiene es. Danke, Universum", und Sie lernen zu glauben, dass dies stimmt, dann wird das Universum ein neues Auto liefern.

Ein anderer Weg, auf dem dieses universelle Gesetz wirkt, ist dann, wenn Sie die Engel um Hilfe bitten. Wenn Sie ständig betteln, immer wieder nach dem gleichen Ding fragen und Angst haben, dass sie Ihnen nicht helfen, dann geraten Sie in eine Sackgasse. Eine meiner Klientinnen beklagte sich Abend für Abend: „Warum helfen mir meine Engel nicht?" Sie war so frustriert und verloren, denn sie glaubte aus vollem Herzen an deren Energie. Aber das Universum hörte im Grunde genommen nur „die Engel helfen mir nicht" und sorgte dafür, dass sie nicht halfen.

Das Universum ist nicht schlecht oder arbeitet gegen uns, tatsächlich ist es völlig neutral. Sie müssen nur lernen, wie man damit arbeitet. Als ich meiner Klientin erklärte, sie solle sagen: „Danke, Universum und Engel, dafür, dass Ihr stets mein Leben mit Segen erfüllt", verbesserte sich ihr ganzes Leben. Mit ein paar Worten und einer Veränderung der Wahrnehmung ist das ganz einfach.

Unsere Überzeugungen zu verändern kann schwierig oder leicht sein. Sie haben den freien Willen in Bezug auf das, wie Sie sich fühlen, wie Sie reagieren und was Sie an das Universum senden. Warum sollten Sie es sich daher nicht leicht machen?

3. Das Gesetz der Manifestation

Dieses Gesetz ähnelt dem Gesetz der Anziehung. Etwas zu bekunden bedeutet hingegen, dass Sie die Energie selbst kreieren, anstatt sie anzuziehen. Anstatt beispielsweise positive Erlebnisse in Ihrem Leben anzuziehen, erschaffen Sie sie.

Wenn Sie also in Ihrem Leben oder mit einer bestimmten Situation unglücklich sind, können Sie mit dem Gesetz der Manifestation arbeiten und Veränderungen offenbaren. Am besten schaffen Sie das durch eine schöpferische Visualisierung. Machen Sie sich keine Sorgen darüber und denken Sie nicht, dass Sie das nicht schaffen – Sie haben das schon viele Male getan, ohne dass Sie es bemerkt haben. Beispielsweise haben Sie sich in einer bestimmten Situation Sorgen gemacht. Ihre Phantasie spielte verrückt und Sie sahen alles schiefgehen. Dann lief auch in der Realität alles schief. Sie hatten schon vorher gewusst, dass dies passieren würde. Natürlich wussten Sie das – Sie haben es erschaffen!

Statt sich diese negativen Situationen selbst zu schaffen, müssen Sie Ihre Gedanken und Überzeugungen ändern und eine positive Erfahrung für sich festlegen. Sie könnten sich vorstellen, dass alles glatt läuft, dass jeder behilflich ist und alles perfekt ist. Dann können Sie sich einfach zurücklehnen und darauf warten, dass das Wunder geschieht!

Affirmationen und das „Ich bin"

Eine Affirmation ist eine Behauptung, dass etwas wahr ist. Sie können Affirmationen als Hilfe benutzen, um positive Erlebnisse zu schaffen. Wie wir bereits gesehen haben, zieht ein gesprochenes „Ich bin ..." die Energie zu Ihnen. Wenn Sie das sagen, glaubt Ihnen das Universum. Es wird auch anderen Personen helfen, Ihnen zu glauben.

Ihre Affirmationen können auch andere betreffen. Wenn Sie ständig etwas über jemand anderen sagen, dann geben Sie diese Auffassungen an das Universum weiter und das Gesetz der Anziehung wird sie für Sie wahr machen. Wenn Sie also beispielsweise sagen: „Er kommuniziert einfach nicht" oder „Sie liebt mich einfach nicht", dann wird diese Person sich Ihnen gegenüber noch stärker dementsprechend verhalten.

Anstatt solche negativen Affirmationen auszusenden, sollten Sie etwas anderes bestätigen (und glauben!), indem Sie sagen: „Ich bin von offenen und mitteilsamen Menschen umgeben" oder „Ich bin offen, um Liebe in meinem Leben zu erhalten". Die Ergebnisse werden Sie überraschen.

Sie müssen es auch so meinen!

Ein wichtiges Detail, das Sie hier im Gedächtnis behalten müssen, ist, dass wenn Sie etwas sagen und etwas anderes meinen, das Universum das ernst nimmt, was Sie glauben. Wenn Sie aber andererseits das glauben können, was Sie sagen, und es gleichzeitig in Ihrem Geist vor sich sehen, dann wird das Universum es für Sie wahr machen.

Das ist natürlich nicht immer einfach. Wir haben alle die Tendenz, von Zeit zu Zeit etwas negativ zu denken, aber negative Gedanken können ganz leicht in positive verwandelt werden – und dann müssen Sie nur noch daran glauben!

• Versuchen Sie es anstatt: „Mein Körper ist hässlich" mit: „Ich bin perfekt, so wie ich bin."

- Versuchen Sie es anstatt: „Niemand liebt mich" mit: „Ich liebe mich selbst und werde von anderen geliebt und akzeptiert."

- Versuchen Sie es anstatt: „Ich bin einfach nicht gut genug", mit: „Ich werde immer für das angesehen, was ich wirklich bin – positiv und liebevoll."

- Versuchen Sie es anstatt: „Ich habe niemals genug Geld", mit: „Ich bin reich und habe es gut, meine Finanzen tragen mich und ich bin sicher."

- Versuchen Sie es anstatt: „Ich bin ständig so sauer", mit: „Ich bin ruhig und besonnen. Nichts kann mich von diesem Platz des Friedens vertreiben."

Der Erzengel der universellen Gesetze

Es gibt einen Erzengel, der die universellen Gesetze regiert. Wenn Sie mit diesen Gesetzen arbeiten – und sie natürlich auch erlernen –, können Sie ihn zu Hilfe rufen. Sein Name ist Erzengel Raziel, ein Name, der „Geheimnisse Gottes" bedeutet. Das ist genau, was diese Gesetze sind, sie sind Geheimnisse, die ich nun mit Ihnen teile.

Ich habe Raziel immer in einem goldenen Licht gesehen. In meiner Vorstellung ist seine Haut dunkel; er sieht fast wie ein Ägypter aus. Seine Energie ist weise und wissend und Sie können ihn zu sich rufen, während Sie diese Arbeit erlernen.

Alles, was Sie tun müssen, ist, sich selbst in einem golden schimmernden Licht vorzustellen und zu sagen: „Danke, Erzengel Raziel, dass du mich in deinem weisen Licht umgibst. Danke für deine Hilfe, auf dass ich die Gesetze des Universums erlerne, und lehre mich, sie in meinem Leben anzuwenden. Und so sei es."

Der Weg zum Glück

Es ist möglich, Glück in allem zu finden, was wir tun. Wenn Sie meine vier einfachen Schritte befolgen, wird sich mit der Hilfe der Engel Ihre Welt jenseits Ihrer kühnsten Träume verändern:

1. Als Erstes müssen sie loslassen. Sie müssen alles loslassen, was Sie in Ihrem Leben nicht mehr brauchen. Lassen Sie los, was nicht mehr für Sie stimmt. Hören Sie auf Ihren Bauch. Seien Sie bereit, etwas zu verändern.

2. Als Zweites müssen Sie vergeben. Sie müssen anderen vergeben und schlussendlich auch sich selbst. Wenn Sie gegen sich selbst einen Groll hegen, bedeutet das, dass Sie sich nicht im Griff haben. Wenn Sie gegen jemand anderen einen Groll hegen, bedeutet das grundsätzlich, dass Sie ihm Ihre Kraft abgeben. Erinnern Sie sich: Sie haben den freien Willen darüber, wie Sie reagieren wollen.

3. Drittens müssen Sie sich selbst annehmen. Sehen Sie sich in einem positiven Licht. Versuchen Sie stets, Ihr Bestes zu geben, und erkennen Sie, dass Sie immer das Beste tun, das Sie tun können. Sie können wählen, wie Sie sich selbst sehen – wählen Sie die beste Sichtweise.

4. Schließlich, erschaffen Sie neue Dinge und ändern Sie Ihr Leben. Hören Sie auf, alten Mustern zu folgen. Seien Sie offen für neue Erfahrungen und ändern Sie das, wovon Sie den Eindruck haben, dass Sie es in Ihrem Leben nicht länger brauchen. Erschaffen Sie neue Erfahrungen und ziehen Sie neue Erfahrungen an, indem Sie die Gesetze des Universums nutzen.

Die Kunst loszulassen

Loslassen ist äußerst wichtig, wenn wir in unserem Leben weiterkommen wollen. Wenn wir ständig an den Dingen hängen, für die wir keine Verwendung mehr haben, dann erlauben wir der Energie dieser Situation, uns einzuschließen und zurückzuhalten.

Wenn Sie beispielsweise eine Beziehung hatten, die schiefging, aber bei der Sie es schafften, wieder in Liebe zusammenzukommen, dann ist das gut. Aber, wenn Sie immer noch an die Vergangenheit denken oder sich an das Negative dieser Situation klammern, sich an die schlechten Zeiten erinnern, wird das nur schlimm enden. Etwas so fest zu halten, kann einer der stärksten Gründe dafür sein, dass sich etwas wiederholt.

Sie könnten ebenfalls im Hinterkopf behalten haben, dass Ihnen etwas Schlimmes passieren wird. Eine der Situationen, in denen ich die Menschen immer zum Loslassen ermutige, ist, wenn sie sagen: „Ich glaube, ich werde jung sterben." Bitte denken Sie so etwas nicht. Das Gesetz der Anziehung bringt Ihnen genau das – bitte werfen Sie Ihr Leben nicht weg!

Abschließend möchte ich noch einmal betonen, wie machtvoll Affirmationen sein können. Sie können sich jeden Tag sagen: „Ich bin bereit, alte Muster loszuwerden" und „Ich lasse los und befreie mich von allem, was meinem Glück im Weg steht" und „Ich heiße neue Erfahrungen willkommen".

Die Kunst des Vergebens

Vergebung ist ein schwieriger Prozess, aber er gehört zu den Dingen, die wir alle tun müssen, insbesondere dann, wenn die Person oder Situation noch in unserem Leben ist oder wir uns selbst vergeben müssen.

Jemandem nicht zu verzeihen oder mit gegenseitigen Schuldzuweisungen zu spielen, bedeutet, dass wir unsere Kraft an jemand anderen verschwenden. Das kann zu einem Unmut führen, der, und das ist wissenschaftlich erwiesen, eine der wichtigsten geistig-generierten Ursachen von Krebs sein kann.

Zu vergeben ist natürlich leichter gesagt als getan. Viele der Klienten, mit denen ich gearbeitet habe, hatten den Eindruck, sie müssten erst ihren Ärger loswerden, bevor sie vergeben können, daher habe ich einige Ratschläge entwickelt, die bei diesem Prozess helfen:

- Bringen Sie Ihren Ärger und Unmut aus Ihrem System, indem Sie auf etwas (nicht auf jemanden!) einschlagen. Suchen Sie sich einen ruhigen, sicheren und ungestörten Platz und schreien Sie so viel Sie wollen, während Sie ein Kopfkissen, Polster oder einen Sitzsack schlagen. Knirschen Sie mit den Zähnen, schreien oder fluchen

Sie, falls Sie das brauchen. Machen Sie das so stark Sie können – Sie müssen den Ärger herauslassen, um danach weitergehen und Glück in Ihr Leben lassen zu können.

- Gehen Sie auf die Spitze eines Berges und schreien Sie so oft, wie Sie wollen. Sie möchten vielleicht auch den Namen einer Person oder einer Firma herausschreien, damit sie hinterher bereit sind loszulassen.

Sobald Sie Ihren Ärger losgeworden sind, müssen Sie an der Vergebung arbeiten. In Sachen Vergebung gibt es zwei Möglichkeiten: Sie können es sich schwer oder leicht machen. Ich wähle stets den einfachsten Weg, der möglich ist. Mein Ziel ist es, den Stier bei den Hörnern zu packen, meinen Teil zu sagen und mir die Dinge vom Herzen zu reden, und dann versuche ich mein Bestes, um mit der Situation Frieden zu schließen.

Wenn Sie es schwierig finden, jemandem zu vergeben, ist das großartig! Ein Widerstand gegen etwas zeigt, wie wichtig es in Wirklichkeit ist, dass es getan werden muss, und schon allein, wenn Sie sich dessen bewusst werden, sind Sie Ihrem innerlichen Glück einen Schritt näher.

Dinge passieren. Das ist einfach so! Sie können aus Ihnen lernen und weitergehen oder sie mit sich herumtragen und sich von ihnen herunterziehen lassen. Sagen Sie sich selbst, dass Sie bereit sind weiterzugehen und bereit sind für Neues. Wiederholen Sie das immer, wenn Ihnen ein negativer Gedanke durch den Kopf schießt.

Sie können Vergebung auch durch Kommunikation herbeiführen und eine Sache mit jemandem abschließen, indem Sie mit dieser Person sprechen und ihr sagen, dass Sie bereit sind zu vergeben. Dazu braucht es Mut, ist aber die Sache wert.

Um sich selbst zu vergeben, könnten Sie sich vor einen Spiegel stellen, sich direkt in die Augen sehen und sagen: „Ich verzeihe dir. Lass uns nun von hier aus weitermachen – es wird Zeit für das Schöne im Leben!"

Sie können aber auch Vergebung durch Visualisieren erlangen. Wenn Sie eine Person nicht wiedersehen können oder es vorziehen, sie nicht wiederzusehen, können Sie sich vorstellen, dass Sie zu ihr sprechen und ihr sagen, dass Sie ihr vergeben. Sie können das auch für sich selbst tun – stellen Sie sich vor, dass Sie sich selbst erzählen, Ihnen sei verziehen worden. Es wird genauso gut funktionieren, wie wenn Sie sich dabei im Spiegel ansehen.

Ein anderer guter Weg, jemandem zu vergeben, ist, sich vorzustellen, dass er auf einer Bühne steht. Schicken Sie ihm viele gute Vibrationen, umgeben Sie ihn mit positivem Licht und guter Energie. Sie werden sich dann in dieser Sache schon viel besser fühlen.

Louise L. Hay meint, Affirmationen seien ein guter Weg, um zu vergeben. Wir müssen nur in den Spiegel sehen und sagen: „Ich vergebe und mir wurde vergeben." Sobald wir diese Worte wirklich glauben und uns selbst in die Augen sehen, wenn wir sie aussprechen, werden wir aus der Schuld entlassen.

Es gibt einen erstaunlichen Erzengel namens Zadkiel. Sein Name bedeutet „die Gerechtigkeit Gottes". Zadkiel arbeitet mit einer Energie, die violette Flamme genannt wird. Es handelt sich dabei um einen Raum oder Rückzugsort, den wir in unseren Gedanken mit Hilfe von Gebeten oder Meditation besuchen können. Wir können alle Belastungen, allen Ärger und alle unverziehenen Situationen in die wunderschöne Glut des violetten Feuers legen, so dass wir allen unnötigen Ballast in Liebe an das Universum abgeben können.

Rufen Sie Erzengel Zadkiel, um Ihnen dabei zu helfen, loszulassen und zu vergeben, indem Sie sagen: „Danke, Zadkiel, dafür, dass du mich mit deinem violetten Licht umgibst. Ich vergebe jetzt und mir werden alle meine Taten und Situationen vergeben, die mich zurückhalten. Indem ich die Kraft der violetten Flamme nutze, lasse ich alles los, was ich nicht mehr benötige. Ich bin die violette Flamme. Ich bin frei!"

Sagen Sie „Ja" zu sich selbst!

Haben Sie schon einmal jemanden getroffen, der die ganze Zeit über die anderen stöhnt und ächzt? Falls ja, dann ist das die Spiegelung dessen, wie dieser Mensch sich im Innersten fühlt. Wenn Sie die ganze Zeit die Menschen um sich herum verurteilen, zeigt das, dass Sie bei anderen nach Fehlern suchen, weil Sie sich in Wirklichkeit selbst nicht mögen.

Wenn Sie Ihr Glück finden wollen, müssen Sie damit aufhören, überkritisch sowohl gegenüber sich selbst als auch gegenüber anderen zu sein. Sie müssen lernen, sich selbst zu schätzen.

Nichts könnte einfacher gehen und es macht sogar Spaß. Ich sollte das wissen. Jedes Mal, wenn ich eine Show oder eine Sitzung mit einem Klienten beende, sage ich mir, dass ich das absolut brillant gemacht habe – und das meine ich auch so. Wenn Sie mit Leib und Seele das tun, was Sie lieben, warum sollten Sie dann ständig dafür auf sich herumhacken?

Schätzen Sie sich selbst, machen Sie sich klar, dass Sie ein guter Mensch sind, der sein Bestes gibt. Und wenn Sie einen schlechten Moment hatten, dann machen Sie sich nicht fertig, sondern seien Sie bereit, die Dinge in Zukunft zu ändern. Sie haben losgelassen, Sie haben sich und anderen vergeben, und schätzen Sie sich auch noch – Sie sind auf dem Weg ins Glück!

Benutzen Sie diese Affirmation: „Ich schätze mich selbst und nehme nur das Beste für mich in meinem Leben."

Nachdem wir nun am Ende angelangt sind ...

Ich hoffe doch sehr, dass Sie alles genossen haben, was wir in diesem Buch miteinander geteilt haben, und ich hoffe auch, dass Sie etwas daraus lernen konnten, dass Ihr eigenes spirituelles Talent entdeckt und genährt wurde.

Es war eine sehr gefühlvolle Reise für mich und ich empfinde so viel Liebe für meine geliebte Großmutter, die mich auf diesen Weg gebracht hat. Ich bin ihr so dankbar und bestrebt, dafür zu sorgen, dass ihr Andenken durch meine Arbeit gewürdigt wird, die ich tue und immer tun werde. Und ich hoffe, ich werde Sie wiedersehen, wie ich dies immer tue.

In einer Zeit der Unsicherheit und des Zweifels in dieser Welt ist es beruhigend zu wissen, dass es Kräfte gibt, die ausschließlich zu unserem Wohl arbeiten, was immer auch kommt. Ich fühle mich geehrt, dass ich ihnen als Führer dienen kann.

Bitte nehmen Sie sich täglich einen Augenblick lang Zeit, um sich mit Ihren Engeln mit den von mir vorgeschlagenen Möglichkeiten zu verbinden. Ich hoffe, dass Sie alle Liebe und Unterstützung von diesen wundervollen Wesen erhalten, die sich so sehr um ums kümmern.

Bis wir uns wiedersehen …

Lisa Williams

Was geschieht mit uns, wenn wir sterben?

Das Wissen von der anderen Welt
Gebunden, 280 Seiten, € 18,50
ISBN 9783-941435-23-0

Über das Sterben, die Seele nach dem Tod, welche
Stufen sie durchläuft, der Empfang von
Angehörigen, Rückschau, Heilung, Aufarbeitung
von nicht erfüllten Lebensaufgaben und vieles
mehr.

Dr. Vicki Monroe

Ich höre, was die Seelen sprechen

Gebunden, 167 Seiten, € 18,50
ISBN 978-3-926388-78-0

Als Kind wegen ihrer paranormalen Fähigkeiten
ausgegrenzt, bricht Dr. Monroe 1998 ihr
Schweigen und nutzt seitdem ihr Wissen von der
anderen Welt für ihre Patienten. Hier berichtet sie
erstmals über ihre Erlebnisse vom Jenseits.

Peter Beck

Gespräche mit Franz von Assisi

Über die Liebe und das Leben im 21. Jahrhundert

TB, 240 Seiten, € 14,00
ISBN 978-3-941435-11-7

Henley Harrison West & Kristen

Henley im Himmel

Was Henley im Jenseits erlebt

Gebunden, 96 Seiten, € 9,90
ISBN 978-3-941435-15-5

Henley im Himmel ist sprachlos. Hier ist alles anders, die Farben leuchten so stark, die Blumenfelder duften um die Wette und nach einiger Zeit darf er auf die Erde schauen. Ein tröstendes Buch für Erwachsene und Kinder.

Barbara Wren

Selbstheilung durch Lichtenergie

Die Kraft der Körperzellen stärken

TB, 250 Seiten, € 16,95
ISBN 978-3-941435-08-7

Nur mit gesunden Zellen ist der Körper fähig, Licht und Nahrung aufzunehmen und gesund zu bleiben.

Pierre Pradervand

Segnen heilt

Wie dein Segen die Welt verändert und dich selbst

TB, 200 Seiten, € 16,90
ISBN 978-3-941435-06-3

Alles um dich herum zu segnen beschenkt dich und deine Umwelt auf ungeahnte positive Weise.